盲點心理學

看見看不見的智慧

陶兆輝　劉遠章　著

來吧，使人盲目的黑夜，
遮蔽可憐的白晝裏那溫柔的眼睛，
用你血腥而無形之手，摧毀那使我恐懼的絆腳大石。

——威廉・莎士比亞

Come, sealing night,
Scarf up the tender eye of pitiful day,
And with thy bloody and invisible hand,
Cancel and tear to pieces that great bond,
Which keeps me pale.

—— William Shakespeare

當局者迷，旁觀者清？因為我們正在看別的！

自 序

——看見看不見的智慧

本書是在08年初開始撰寫，當時恒生指數剛從高位回落，但經濟環境仍然不錯，一般估計仍有上升的空間，做小本生意的朋友正規劃擴展大計，打工的朋友就盤算着他們的上位大計，有的更積極預備跳槽找一份更好的工作，一切都是朝好的方向走的。9月，當本書快要完稿時，一場金融海嘯突然殺到，市場逆轉之急和猛是前所未見，所有原先的規劃都消失於無形。

金融海嘯把所有規則信條都吹亂打散，原以為是最穩固的企業一夜之間倒閉消失於無形，原以為是最有前景的行業可以瞬間變成高危職業，社會的菁英尖子突然被打入失業大軍，市場盡是滿目瘡痍，更壞的消息是，經濟復甦無期，看不到前景。

前美國聯儲局長格林斯潘、股神巴菲特等等曾被奉為神明的金融巨擘也相繼站出來，公開承認自己看不到應該看到的訊息，以致犯下不應該犯的錯誤，造成愚不可及的後果。

在芸芸負面新聞中，最令筆者印象深刻的是一位名為萊赫德(Andrew Lahde)的基金經理，他在這場海嘯中賺了天文數字的金錢後，宣佈金盤洗手，退出江湖。在寫給客戶的告別信中，他諷刺官商金融界內，處處都有躋身高位的蠢材，讓他可輕而易舉去賺大錢。他更指這群看起來是高智商的對手，都是「上耶魯大學讀書、之後又去攻讀哈佛工商管理碩士的白癡，他們晉升到諸如AIG、貝爾斯登和雷曼兄弟等金融大機構，以至政府各個範疇的高層，他們其實都是笨蛋！」原來愚蠢並非平凡人的專利。

- 為甚麼絕頂聰明的人也做出愚不可及的傻事？
- 為甚麼好心的政客往往會做出壞事？
- 為甚麼要出錯的總會出錯？
- 為甚麼總是一錯再錯？

因為每一個人都會看不到應該看得到的東西，因為每一個人都有自己的盲點。

「看見看不見的智慧」是本書的副題，這是歧異的語句，它可以指發現了「看不見的智慧」，是智慧的實質(what)所指，因為人間的智慧往往是看不見、摸不着但又實實在在的存在着，支配着我們的行為，如果發現了這些智慧，確是自我提升的重要台階；這句話亦可以指「看見看不見」，意思是如何(how)發現自己看不見的東西，「看不見」的是應該看見的東西，這是盲點的核心所在。像瞎子摸象一樣，每個人都只是觸摸到一部分，卻以為這就是事物的全部；然而，當能夠看到自己看不到的，當發現更多、看到更遠、更大的畫面，犯錯或者做蠢事的機會可能會較少。

對這一條歧異的副題，如果你只是看到其中一項，另一項可能便是你的盲點了！

如果你問我們，這本小書是用了多少時間來預備和籌劃，我們的答案是：「用了大半生的時間」，因為我們都是自己盲點的受害者，都是被自己的盲點所累，不斷犯錯，不斷做出愚不可及的蠢事，我們只是透過不斷反思這慘痛的經驗，融會各學術的領域以及前人的經驗，寫成這本小書。

本書可能有不少錯誤膚淺之處，希望各位前輩先進多加指正，讓我們可以看得更多更遠，盲點減到更細、更少。

謝謝！

陶兆輝、劉遠章

謹識

目 錄

中篇：不用腦思考的人的16個盲點

上篇

盲點心理學概論

第一章

為甚麼聰明人會做蠢事？

當你手上只有一把槌子時，很容易就會把所有的事情都當作釘子。

——馬斯洛（Abraham Maslow）（心理學家）

在「國王的新衣」的故事裏，自認為聰明絕頂、信心爆滿的國王，赤身露體地穿着一件只有聰明人才看得到的新衣在街上出巡，接受國民的歡呼。國王不會明白，為甚麼國民興高采烈向他揮手的同時，亦在竊竊私語，抱腹大笑？沒有人敢直接告訴他到底發生了甚麼事。當然，此時此刻他仍不知道自己其實正是一個被欺騙了的蠢材。小學老師說，這故事教訓我們：做人不要自作聰明，不要自欺欺人，要聽取他人意見，要……。不過，老師沒有告訴過我們，其實人類真的沒有汲取過這故事的教訓，成年之後，所有聽完故事之後的人都仍然在自欺欺人，對身邊顯然易見的事情照樣茫然不知。很多自以為聰明，或者真正聰明的人，其實每天都幹着不同程度的、自欺欺人的蠢事，但自己卻懵然不知。

JOHN

1.1 高智商的蠢材

高智商的聰明人幹起蠢事來比起真正愚笨的人更要蠢得厲害，影響力更深遠無比。在歷史上，這些事情俯拾皆是，材料取之不盡。

1. 豬玀灣事件

1961年，深受美國人愛戴的甘迺迪總統，親自拍板及策劃一場推翻古巴領導人卡斯特羅的行動，參與行動策劃的還包括總統的資深幕僚、參謀長聯席會議代表及中央情報局局長，中情局秘密招攬和訓練一批流亡美國的古巴異見分子，編成為起義軍，提供武器、後勤補給和軍事掩護，計劃先攻下古巴具戰略價值的灘頭，從而喚起國內的地下反暴政的各方人士起義，然後一舉剷除卡斯特羅這個眼中釘。幕僚們向甘迺迪總統保證計劃經過精心部署，萬無一失。

4月17日，1,500名起義軍登陸古巴南岸的豬玀灣(Bay of Pigs)，但計劃事前曾被美國傳媒報道過(有消息指這是中情局故意洩漏消息，好讓古巴國內的地下反抗力量有所準備)，所以古巴政府軍早有部署，給起義軍來個迎頭痛擊，經過72小時的激戰，百多人被擊斃，其餘的全部舉手投降，行動徹底失敗，成為世界的大醜聞，更加是政壇上的黑色笑話。

更失敗的是，在策劃的過程中，沒有人質疑過為甚麼要選擇豬玀灣？它的四周被連綿80多公里的沼澤所包圍，美軍根本無法提供補給和支援，即使成功登陸，起義軍也會變成了孤軍和活靶，這是兵家大忌。

更沒有人提出過疑問，引發古巴國內更大的起義是否只是美國一廂情願的想法？中情局有沒有誇大了古巴國內的反暴政情緒呢？事實上，全國性的起義非但沒有發生，古巴人民更自發地加入了反美戰鬥。事與願違的是，卡斯特羅的統治地位反而更加牢固，成為了國家甚至整個第三世界的英雄。甘迺迪事後曾公開說過：「為甚麼我會這麼愚蠢！」

的確，世人真的不明白，這是顯然易見的軍事常識，普通一個中學生也能理解，但為甚麼被譽為美國精英中的精英的總統顧問和幕僚全都懵懂不知？他們多數是來自哈佛、耶魯、史丹福等大學的尖子精英，當中有四名歷史學家、六名大學教授，更有多位曾參與過二次大戰、取得彪炳戰績的老將，但仍然作出了如此愚笨的決定，實在令人費解。

2. 挑戰者號大爆炸

1986年1月28日早上，美國太空穿梭機挑戰者號預備升空，全球數以千萬計的觀眾在電視機面前興奮地參與倒數，4…3…2…1發射，沒有人想得到，在短短73秒鐘之後，本來興奮的心情急轉直下，挑戰者號發生爆炸解體，觀眾親眼看到這部集最尖端科技於一身的飛行機器，加上七名訓練有素的太空英雄，以及人類探索宇宙的夢想，剎那之間，全都在空中灰飛煙滅。

經調查發現，穿梭機爆炸的真正原因，是右側固體推進器上的一個很小的O形環失效，導致一連串連鎖反應，最後解體墜毀。這個O形環是由一間名為Morton Thiokol, Inc.（簡稱MTI）的科研公司開發，早於挑戰者升空前兩年，MTI的工程師已經發現，這個防止熱氣從推進器外洩的O形環，在設計上出了問題，性能並不穩定，如果外面的氣溫下降至華氏53度，很可能會有危險。在發射之前，MTI的工程師仍堅持應該要多做檢測以確保它的穩定性，才可發射。發射當日的氣溫正是華氏36度，遠低於安全線，但上千位太空總署的專家、工程師、政客都沒有把意見聽得進耳，並視而不見，堅持穿梭機依原先的計劃……。

為甚麼這些智商遠超凡人的科學家，對於這個已經有人提出過而又顯然易見的現象，像瞎了眼睛一樣完全看不見？歷史上，很多聰明的人往往會做出一些令人費解的決定。

3. 阿斯旺水壩

1950年代，埃及政府為了要促進工業生產，增加發電量，開始研究在尼羅河下游興建阿斯旺水壩，在前蘇聯的工程師設計和協助之下，水壩於1960年動工，於1970年完成。這個面積達5,250平方公里，擁有12組巨無霸級發電組的水庫，是當年世界上其中一項最偉大的工程。工程完成之後，水壩確實為埃及的工業發展帶來了新的景象，經濟範圍擴大，創造了不少就業機會，還減少了尼羅河谷的水害威脅。

但沒有人預見得到，水壩其實在為埃及甚至周邊地區帶來了災難性的後果。水壩令上游的沙泥不再往下沉積，而水土亦大量被沖走，使得下游的水土失去種植的能力，農民唯有大量採用化肥，但這樣卻使河川嚴重污染。同時，由於河水所攜帶的營養少了，提供給河岸三角洲以外海洋生物的食物也大量減少，尼羅河基本上已失去了水產和蓄水的功能。

此外，由於農地及海堤逐漸受到侵蝕，使得土地沉降，反而令該地的稻米種植受到影響。同時，河水流量減少而令海水倒流，使已經壞透了的土壤更變本加厲，原本肥沃的周邊地區變得無法種植。更糟的是，由於水壩內有大量不是原生的植物加快繁殖，帶來了很多以前從未有過的疾病。水壩所引伸出的問題已經絕非原先設計時所想像得到。

工程人員能夠排除萬難，征服重重險阻，把水壩建好，但卻從沒有想過，它帶來的竟是意想不到的人為災難。有人曾經批評過阿斯旺水壩工程，是一群精銳的專家「正確地做了一件不正確的事」(Doing the thing right but not the right thing)，它是一件得不償失的龐然巨物，也造成了不可收拾的環境悲劇。

4.「淫穢不雅」的大衛像

1994年，一本香港雜誌刊登了一個畫廊的廣告，廣告的設計以文藝復興時期大師米高安哲奴的「大衛雕像」作招徠，因為大衛雕像露出了陽具，遭一位市民投訴，香港的淫穢及不雅審裁處(淫審處)接手審理，並將之評定為第二級不雅物，事件引起公眾嘩然。最後，高等法院推翻原判，認為大衛雕像是舉世公認的藝術傑作，而此廣告即使展示男性性器官也不應構成不雅，法官更痛斥淫審處的評級浪費時間和金錢。

在2007年的香港書展中，台灣遠流出版社的翻譯著作《愛情神話》一書，以「賽姬接受丘比特的初吻」這幅古典油畫作為封面，影視處人員巡察時，認為該書的封面和部分插圖露出了女性乳房，可能是不雅，「勸喻」書商收起，事件同樣引發公眾嘩然，群起而攻之，為何十多年來，政府官員的認知絲毫沒有進步？這位官員也許不知道，「賽姬接受丘比特的初吻」是一幅殿堂級的名畫，論名氣雖然還及不上「大衛雕像」，也被譽為是將古典人體美演繹到極致的經典之作，現藏於巴黎羅浮宮。

這類令人啼笑皆非的官僚作風，竟然在自稱是世界級大都會的香港屢次出現，真的使人眼界大開。處事的政府官員和那些身為審裁員的社會賢達，他們應該是受過合理的教育吧，但為何作風如此無知和僵化，實在難以理解！

1.2 合情合理的人間悲劇

似乎，犯錯或者做出愚蠢的事情並不是平凡人的專利，同時也與智商可能沒有直接關係。有時候，聰明人做的蠢事，或者是好人幹的壞事，往往來得更有破壞力，影響得更深遠。

連智商超凡的聰明人也可以做出愚不可及的蠢事，像我們一樣的平常人試問又怎樣能夠倖免？在日常生活裏的反智行徑也真的層出不窮。

在社會上，悲劇每天都在發生，都以不同形式上演：活潑可愛的小女孩因為中期考試成績退步了，在家上吊自殺；

十歲男生因為早上被父親痛罵一頓，正午在家門外跳樓自殺；中年婦人因為丈夫移情別戀，抱着幼小兒女一起自盡……。

愚蠢的事令旁觀者發笑，而悲劇就令人心酸，但是，站在主人公的角度看，他們的自我摧毀行為是「合理」的，換上是其他人，如果身處其中，可能做得更糟。

看看以下的一張圖，你看到甚麼？對！是一個大的黑色圓點，還有呢？再細心看看？那黑點周遭的白色部分呢？白色部分不是比黑點佔據的面積遠遠更大嗎？

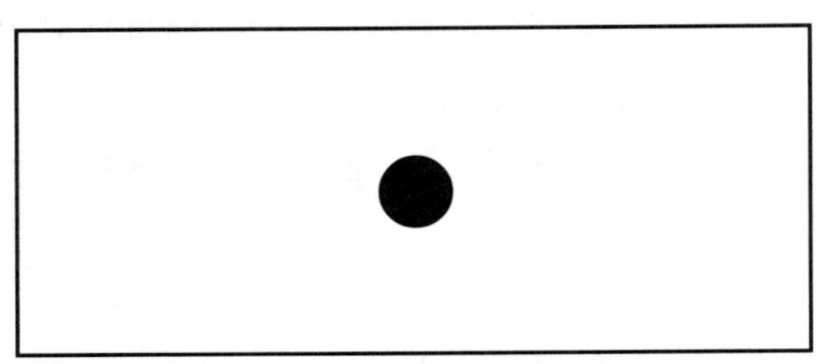

那為甚麼「看」不見那白色更大的部分呢？

因為所有的注意力都集中在黑點上，其他部分即使存在，也是在你不察覺的範圍裏，那就是我們所謂的「盲點」了！

如果一個人把視線完全投放在那個黑點中，看到的只是漆黑一片。身在黑點中，所謂當局者迷，當然看不到還有別的顏色；當一個人把焦點完全聚在某事件上，他/她當然看不到其他的東西，沒有其他選擇了，不這樣做又能怎麼樣？如果在困窘時，沒有選擇，沒有一絲的希望，當無助、無望的情緒推進到極點時，做出在別人眼中的愚蠢傻事，似乎是理所當然的，甚至幹出自尋短見的事情，也變成是一種「合情合理」的解脱。

- 那兩位考試不合格而自尋短見的小朋友的視線只聚焦在考試的分數，那麼學業成績就是他/她生命的全部，考試不合格就等於失去了全部，自殺是合理的，但這是多麼使人心痛！
- 那些影視處的官員把眼睛聚焦在外露的陽具和乳房上，以條文作為審視的尺度標準，規章法例寫得清清楚楚，裸露陽具、乳房性器就是不雅，依章行事，錯在哪裏？是否藝術傑作，只是見仁見智、觀點與角度不同而已，他們的決定是「正確」的，但卻是愚昧得令人發笑。而對納税人來説，實在是黑色的笑話。
- 甘迺迪總統與他的幕僚專家的視野只聚焦在豬玀灣的軍事行動上，要盡快剷除眼中釘卡斯特羅，他們的決定是合理的，但結果是一敗塗地，失敗得令人慘不忍睹。
- 那些太空總署的專家政客把視線聚焦在把穿梭機準時、準確地升空，既然一切就緒，那細小的、次要的O環應該不會構成重大問題吧！但結果悲劇收場。

如果當事人能夠把視野稍為向黑點以外微微擴大，看多一點白色的部分，可能又是另一番景象！如果當時在他們的生命中，可以看多一點點，理解得到還可以有多一些選擇，相信悲劇是有可能會改寫的。當自己是身處黑點中，甚至是身陷泥沼時，往往是看不清楚、聽不到原本應該是很明顯的事實。

1.3 集體盲點：「中國是四大文明古國嗎？」

自小以來，學校的教育告訴我們，文明始於河流，文明古國必有一條孕育大地的河流，中國有黃河，印度有恆河及印度河，埃及也不例外，她有美麗的尼羅河。

「四大文明古國」是哪幾個國家？一直以來，教科書告訴我們，答案是埃及、中國、印度、巴比倫。

那麼希臘呢？

連已不再存在的巴比倫也位列四大古國，為甚麼沒有希臘的份兒？根據記載，希臘有文字的歷史已超過五千年，有着光輝燦爛的文化，更是西方現代文明的搖籃[1]，影響深遠，曾出現過蘇格拉底、柏拉圖、亞里士多德等偉大哲學家，更有數不清的科學家、建築師和數學家；但現在能確切證明的中國歷史，則只有約3,600年[2]，為甚麼「四大文明古國」中包括了中國，卻獨欠缺希臘？

翻查「四大文明古國」的來源，原來首先提出四大文明古國概念的人，並非甚麼外國學者，而是我國學者梁啟超先生。「四大文明古國」一詞，最初出現於1900年時他的〈二十世紀太平洋歌〉一文中，而「四大文明古國」主要是漢語文化圈中流行的一個概念，並未獲得世界的普遍認同。當時的中國，飽受西方諸國的欺凌，愛國學者把自己國家列入古國之列，而排除了西方的希臘，雖然不是正確，但亦可以體諒。

---

1 可參考劉增泉《希臘史．歐洲文明的起源》，三民書局（台灣）。

2 關於中國歷史的起源，可參考黃仁宇《中國大歷史》，聯經出版社（台灣），第2-9頁；以及傅樂成《中國通史》，弘揚圖書有限公司（台灣），第9-22頁。

不同的人，在特定的背景下，看出不同的事，站在自己的角度，作出了偏頗的結論，這是他個人的盲點。不過，在過去差不多一百年的教育過程中，卻從來沒有質疑過這個看法，而且大家都深信不疑，沒有糾正過，更一直承傳下去，大眾不理解事情的來龍去脈，也不去求證，以此為真理，照單全收，同樣也是一種「集體盲點」。

1.4 看法比想法重要

初學駕車的朋友，當坐上駕駛座位時，教車師傅在第一課中必定會教授的是，控制汽車方向速度的器官不是手和腳，而是眼睛，眼睛能看到遠方，汽車才可以暢順走到遠方；學習口才溝通技術的朋友會知道，要使說話時聲線恰到好處，對方聽得清楚，控制說話聲音大小的器官不是嘴巴，而是眼睛，你與對方的距離有多遠，聲浪自然會調校到多大。

看不到的地方就是盲點，所以盲點不是黑色那一點，而是在那看不到的、更大面積的白色部分。在困惑時，很多人以為黑色部分就是圖畫的全部，於是乎拼命在那裏鑽，就像一般人所說的在「鑽牛角尖」，不停的在小黑圈內打困，人的困惑往往就是看不到黑點以外還有更大的空間。想知道全幅圖畫是怎樣的，就必須要遠離黑點，從高處看，從左面、右面看，從各個方向和角度去審視它，才能看到全貌。

本書的中心思想是：看法比想法重要，想法比做法重要。因為一個人做些甚麼，採取甚麼行動，往往決定於他的想法是怎樣，他怎樣想是被看到甚麼、接觸到多少資料所影響。

看法（Seeing）⟶ 想法（Thinking）⟶ 做法（Doing）

在這裏，「看法」就是觀察事物的角度、體驗和視野。

所謂「垃圾輸入，垃圾輸出」，在學術研究的範疇中，發現甚麼樣的結果往往取決於輸入了怎麼樣的資料。如果輸入的原材料是錯誤的，做出的結果當然也會是錯誤的多；如果只看見黑點，腦內思考分析(想法)的都只會是黑點內的東西，輸出(做法)的當然也只會局限於這範圍以內。按這個假設，可以推斷：

- 如果看「錯」了，想法也會「錯」，行動也自然會出「錯」！
- 如果看「漏」了，想法也會有「缺漏」，行動也自然有「缺漏」！
- 如果看到「扭曲」，想法也會「扭曲」，行動也是會「扭曲」！
- 如果只看到「片面」，想法當然會有「偏見」，行動也會「偏頗」！
- 如果看的「細小」，想法也會「細小」，行動規模也會「細小」！
- 如果看得「另類」，想法也會「另類」，行動也自然會「另類」！
- 如果看到的是一片「漆黑」，想法也當然「漆黑」，行動必然是「糟糕」透了！
- 更糟的是，如果甚麼都「不看」，想法自然是「空白」一片，行動只是「盲目」！

沒有足夠合適的原材料，更高明的工匠也弄不出甚麼好的作品，巧婦難為無米炊，「看」比「想」更為重要，「看到」比「想到」更為重要，「看法」比「想法」更為重要。如果根本是我們「看」漏了，我們當然找不到新的想法，我們更會因此而想錯做錯，而且我們還會想漏了我們「看」漏的地方；無論你的創意思維有多厲害，「看」漏了又怎能產生新的意念？無論你的邏輯思維有多精進，「看」漏了又怎能圓滿地分析推理？如果想要做得多，做得遠，做得大，重要的是要看得多，看得遠，看得大；如果希望突破現狀，便要有更創新的想法和行動，必要的前提是要有更廣闊新奇的看法、視野和體驗。

第二章

突破從破解盲點開始

古代阿拉伯有一句這樣的諺語：

「知道，而且知道自己知道甚麼的人，是智者，追隨他吧！

知道，但不知道自己其實已經知道甚麼的人，是睡着了，喚醒他吧！

不知道，但知道自己不知道甚麼的人，是小孩子，啟導他吧！

不知道，而且不知道自己不知道甚麼的人，是笨蛋，避開他吧！」

(“He who knows, and knows that he knows is wise. Follow him!.

He who knows, and knows not that he knows, is asleep. Waken him!

He who knows not, and knows that he knows not is a child. Enlighten him !

He who knows not, and knows not that he knows not, is a fool. Shun him!”)

2.1 透視生命的四個視窗

有智慧的人知道自己懂得甚麼，可以盡情發揮，但這些有「自知」的人在世界上畢竟並不是太多，反而對四周的東西茫然無知，或者只知道皮毛卻以為已經掌握了整個宇宙者，卻是恆河沙數，也許這能解釋到為甚麼世上有智慧的人少，但自以為是的人、愚笨者、失敗者則隨處可見。不過，我們並不太同意要「避開」第四類所謂「笨蛋」的人，原因之一，作為一個助人成長的人生教練，我們的職責是喚醒內心的潛能，使他們從不知道走向知道；其次，是因為這類人數目太多，實在避無可避；同時，我們也不同意將這類型的人歸納為「愚笨」，他們只是因為有「盲點」而使自己視而不見而已。

盲點管理

	I Know (See) 我看見	I Don't Know (See) 我看不見
I Know 我知道	**Wisdom 智慧**	**Hidden Wisdom 隱藏智慧**
I Don't Know 我不知道	**Learning 學習**	**Blind Spots 盲點**

我們可以把這四類人歸納在以下四個象限：

1.「知道自己知道」，正如一個身手敏捷的人知道自己是有運動的天分，而且加以鍛煉，努力不懈成為了出色的運動健將，這是智慧（wisdom）的表現。

2.「不知道自己已經知道」，這是隱藏的智慧（hidden wisdom）。筆者曾經遇過一位企業的CEO，他日理萬機、縱橫商場，管理上千員工，似乎沒有甚麼管理問題可以難得到他，但惟獨他對教導家中那個小孩子卻是束手無策，常被這「小魔怪」氣得一籌莫展，不知如何是好，我們運用了教練技巧，使他發現原來企業管理和家庭管教的原理是可以相通的，只是執行的方法不同而已，這真的是「一言驚醒夢中人」，他改變了一貫的教兒方法，採用自己獨創的獎懲和溝通方法，令親子關係得到明顯改善。很多運動員只是因為心態上的局限而不能有進步，但當衝破這心理障礙之後，成績就有所突破；當他們知道自己的潛能，並將潛能發揮出來，就能成為新的智慧。

3.「知道自己不知道」，學習的動機在於察覺到自己的不足之處，要學會那些自己想知道、但又未掌握的東西，這是學習的基本動機，即「學而後知不足」或者是「學得越多，知道自己懂的越少」。學習是人類基本能力，是賴以生存的基本元素。所謂無心向學者，絕大部分都只是不知道自己不知道的知識有何重要，或者不知道自己需要甚麼而已。

4.「不知道自己不知道」，這是盲點，人生進步的最大槓桿在於「發現」自己的不知道的領域，是甚麼動力可以令人不斷進步和向上發展呢？答案可能是：「當發現了一個自己都不知道的世界時，就自然會產生強大的動力，驅使人睜開眼睛去看、去思考、去學習。」當看到的空間擴大了，自己的眼睛不再被蒙蔽時，生命的突破才會真正開始。

＊　＊　＊

是甚麼令一個人無法獲得發展？

是甚麼令一個人不知道自己不知道的東西？

是盲點！

「知道」是有兩個層次的。

當你對某些事情知道的時候，這就是你的知識。但當你知道自己知道某些事情的時候，這就是你的智慧。人們不知道自己確實知道或者不知道甚麼，因而並不明智。

當你知道甚麼是自己所不知道的東西的時候，這便是學習。你可以選擇學習或不去學習。當你學習某些必要東西的時候，便會得到改善。改善存在着局限，因為當你已經學會了所有你知道自己不知道的東西的時候，便會停滯不前，也就無法繼續改善了！

這樣，你就進入「你不知道自己不知道的東西」的狀態了，你不能知道你的「無能」。你卡住了！這就是你的盲點。

你所不知道的東西限制了你。因為你不知道甚麼限制了你，你在發展的過程中卡住了。發展是超越局限的進步。第一步始終是瞭解局限，也就是說，瞭解你所不知道的事情，看清你自己的盲點！

2.2 改進與發展

「改進」(improvement) 就是在原有框架和限制依然存在的情況下變得更好、更快、更方便。

「發展」(development) 是一種在跨越現有框架和限制下的進步。發展的另一個代名詞是突破，它正在超越限制而上升。每當人們發現一些關於自己的新情況、新問題、新目標、新的解決辦法等的時候，他們就會改進。直到他/她發現自己的現狀已經到達調整極限的時候，就不能再繼續發展了。

當人們在他的/她的限制範圍內活動時，很難去發現能超越限制的事物。限制所束縛的不是一個人的行為，而是一個人的觀念。教練的角色是帶領他/她走出去，去「看」更多事物！

改進是有限制的。在限制範圍內能被探索的所有事物都已經被成功探索的時候，人就會進入穩定狀態。中年危機就是一個典型的例子。

惟有當一個人瞭解了他自己「不知道」的事情時，他才會改進。

發展是沒有限制的。當一個人瞭解了那些他不知道自己不知道的事情，他就有所發展和突破了。

古希臘哲學家蘇格拉底是鼓吹一套「自我尋找真理」的哲理，他認為生命的答案是無法被教導、被灌輸或者被指示的，要找得真理，唯一的方法就是「發現」，「發現」的過程是透過自我察覺，讓隱藏的盲點變成自己可以確知的東西，自己親手把蒙住眼睛的黑紗除去、把黑暗的蓋子打開，才會看得更清晰、更真實。

第三章

會用腦不等於會思考

1974年，考古學家在非洲依索畢亞發現了一具女性古猿人的骸骨化石，證實是屬於約320萬年前的遠古時代。她可能是最早直立行走的人猿，也可能是第一批走出森林、在原野生活的人類祖先。考古學家把這個族群命名為阿法爾南猿，同時也給這位女古猿人一個名字——露茜（Lucy），是以披頭四樂隊的名曲 “Lucy in the sky with diamonds” 而冠名。

雖然可以直立行走，但露茜的腦袋沒有比黑猩猩的大多少（只有約1磅重），估計智商與黑猩猩差不多。最少還要多等約200萬年之後，露茜的後代才能演化出更大更複雜的腦袋，體積約比她的大一半左右，但在這新一代人類的骸骨附近，已經發現有石製的用具，證明當時人類的智慧已經有很大的躍進，直到大約20萬年前，古人類的腦袋才發展到跟現代人一樣大小。

*　　*　　*

在適者生存的法則驅使之下，腦袋不斷演化，變得更加複雜，懂得思考分析，更有智慧，從而能夠調整對外界刺激的反應。人可以有更多的選擇，適應能力更加強，可以有更好的思考能力，有更豐富的表達方式，使現代人的行為表達方法變得更文明和更現代化。這也是使我們能夠成為地球霸主的主要原因。

人的大腦是一個比宇宙還要複雜的裝置，人們對腦袋的好奇心和研究興趣從未減少過，但當科學家對它有更新的發現，越瞭解得多，就越感到腦袋是一個神奇得不得了的裝置，對它就越覺得陌生。

請想像，如果露茜小姐還健在，當她遇上了現代資訊世界，你猜會有甚麼事情發生？

3.1 原來你有三個腦袋

1952年，英國學者保羅．馬克霖教授（Paul D. MacLean）提出了突破性的「三位一體的腦」（triune brain）學說。他發現人類的腦袋其實不是簡單的一個大腦，而是由三個不同層次的副腦所組成，分別是爬蟲腦（reptilian brain）、邊緣系統（limbus brain）（又稱哺乳動物腦），以及新腦皮質（neocortex）（又稱大腦皮層）。實際上，三個副腦代表了三個不同的演化階段，分別掌管不同的功能。

1. 爬蟲腦

這是最古老的一層，它藏在大腦的最深處，又稱為腦幹 (brain stem)，與脊髓相接，也稱為爬蟲腦，是因為它包含了一個爬蟲類動物生存所需的結構，其功能、形狀、大小和結構跟一般低等動物，如浮游生物、爬蟲等的腦袋基本上沒有太大分別。

爬蟲腦最主要功能是使生命得以維持和延續，例如使心臟、血管、肺部、食道等器官可以如常運作，它更負責一般的基礎行為，如：獵食、築巢、睡眠、消化、交配、建立地盤和戰鬥等。此系統是天生已經預設了的程式，無須任何訓練，是完全自動化無意識自動促發的，所控制的一系列行為都是呆板、固定、偏執的，是生存本能的基礎組成部分。這些任務是異常重要的，只是通常我們不會注意到它們是在正常運作中，即使是晚間睡覺的時候，甚至是在昏迷不醒的時候，它也在運作中。在醫學上，如果腦幹死亡就可以宣佈這個人已經死去。

這層大腦是按已經編排好的程序運作，是不允許有任何改變，它牢牢地固定在低等生物的大腦之中，迫使不同的生物在特定的刺激之下作出相同的反應。

2. 邊緣系統

這是腦部中間的一層，主要由海馬迴 (hippocampus)、視丘 (thalamus) 和杏仁體 (amygdala) 組成，和其他哺乳類的腦部結構差不多，負責情緒、睡覺、注意力、荷爾蒙和產生大腦化學物質等等工作，它主導身體的韻律，控制我們的情緒感覺、應對壓力的能力以及我們的性能力，它在記憶方面也扮演一個關鍵性的角色。而科學家相信，海馬迴就是儲蓄短期記憶的地方。

而杏仁體則有一個極端重要的任務，在遇到危急情況下，它扮演着發號司令的角色，它會向身體發出緊急動員令，主導身體作出「攻擊」(fight) 或「逃跑」(flight) 的反應，它能動員身體的所有部分來配合「攻擊」或者「逃跑」的決定。大腦之內，裝置了一個經典恐懼條件反射 (classical fear conditioning)，當面臨恐懼時，生理上會下意識地發生防衛反應，比如心跳加快、血壓升高和出汗等等，目的是讓身體肌肉更有力量，準備逃跑或者戰鬥。

邊緣腦是動物演化的一項重大革命，是這個部分促成哺乳動物形成緊密關係和互相照顧的行為，也是維繫家庭、部族和社會關係的最關鍵器官，科學家發現如果邊緣系統被破壞，哺乳類的幼兒沒有嬉戲和學習行為，成長後便會失去對同族的親情行為，甚至變得冷血無情，極具侵略性。科學家把母倉鼠的邊緣系統切除，牠會失去母性，對親生幼兒的哀鳴無動於衷，對牠們的生死視而不見；被切除了邊緣系統的猴子會毫無知覺地踐踏同類，會任意擄掠同伴的食物，會無緣無故地攻擊同伴，甚至把對方活活打死；人的情況也就更甚，缺乏感情依附關係的小朋友，長大後會較容易陷入病態的焦慮不安之中，而且性情也更為暴戾兇殘。

近代科學家更加證明撫養、社交、溝通、玩耍等行為都是源於邊緣系統。邊緣體系統是「愛」的指揮中心，一旦損壞了或者被剝奪，會對人的一生造成無可估量的悲慘後果。

3. 新腦皮質

「新腦皮質」又稱為大腦皮層(cerebral cortex)，位於腦部的外層，其面積最大，如果把它拉開熨平，它有如報紙般的大小。它是最新演化的成果，也是人類比其他動物發達的部分。它最明顯的特徵是由很多裂縫和皺褶坑所組成，科學家普遍認為，褶坑越多越深，相應地就會有更高的智力。

大腦皮層是觀念的基座，包括了抽象思考、記憶與其他的心智功能。這個區域控制自主的動作，以及體驗感官知覺(觸覺、味覺、視覺、聽覺、嗅覺、姿勢感覺)，它可以分為四個區域，分別負責和掌握不同的功能，分別為：

- 枕葉：在中間的位置，主要負責視覺接收和詮釋。
- 額葉：在前額頭的四周，主要負責統籌判斷、創造、問題解決和規劃等能力。
- 頂葉：在頭頂部分，負責處理高層次的知覺作用以及語言運作。
- 顳葉：在兩耳的上方及周圍，主要負責聽覺記憶、語言和詮釋。

大腦皮層又可以再分為左、右兩個半球(cerebral hemisphere)，傳統相信右邊大腦半球(所謂的「右腦」)擅長協調音樂感、空間感、模式認知與時間感；左大腦半球(左腦)擅長處理言語、邏輯、數學、語文，並有其他有關時間的功能。近年的腦神經科學研究，要完成上述各種功能，必須要左、右腦共同運作才可。在溝通模式中，大腦皮層接收來自身體與特別感官的感官資訊，所以大腦皮層是知覺整合的中心，也是詮釋感官資訊的區域。

這些功能使人類有別於其他動物，也可以說是人類成為地球霸主的關鍵性基礎。它的運動速度是較其他兩個副腦為慢，而且是需要長期培育和訓練，才可以有效發揮作用[3]。我們神經系統的電路是經過上萬年的不斷演化，才成為今日的模樣，是以「物競天擇，適者生存」的原則而設計。

人腦實際上是由三台聯網的電腦所組成，每一台都有自己的獨特理解力，有自成一隅的運作模式，在不同的時空輪流控制我們的行為。

3.2 到底是誰在駕駛着你？

想像一下，你獨個兒漫步在寧靜美麗而茂密的樹林裏，享受着溫暖的陽光，輕柔的微風，清香的花語，這是多麼甜美的時刻，萬事萬物都配合得如此美妙和諧！你聚精會神地觀察四周的環境，從瞭解花的顏色和形態去分析它們的品種；從昆蟲活動的姿態去深入瞭解達爾文演化論的細節；再漫步湖濱，你開始比較水溪的生態，觀察內裏魚兒的活動，

3　關於三個副腦如何協調運作，可參閱 Lewis, Amini, 和Lannon合著的“A General Theory of Love”, 2001, The Eurasian Publishing Group.

你發現原來剛才下游和現在中游裏的魚兒的品種活動形態是截然不同的，陽光在樹影間滲進你的眼簾，微風吹過，你讚歎大自然的奧妙，佩服造物者的偉大和神奇。

這個時候，大腦皮層的多個區域都同時亮起，你腦袋是受大腦皮層的指揮，是理性佔據了主導的位置，它動員五官去接收四周環境的訊息，仔細觀察，理性地分析、比較和判斷，以往可能百思不得其解的問題，現在可以在大自然超凡的引領之下，豁然開朗。

在樹梢中傳來沙沙作響，忽然發現在前面10米是一頭黑熊，而且目露兇光，好像準備向你衝過來。怎麼辦？

這個時候，「海馬迴」、「杏仁體」和「視丘」馬上亮起來，向全身發出緊急動員令，就像國家發生了政變一樣，邊緣腦用迅雷不及掩耳的速度，奪去大腦皮層的指揮權，整個身體都是由它來指揮，由腦幹直接執行，「森林漫步程式」會即時轉換成為了「逃避獵食者程式」，這個程式一旦啟動，警號亮起，身體全身的反應都截然不同：

- 發出作戰狀態指令，準備作戰。
- 動員身體機能作出戰鬥的配合：首先是刺激腎上腺素上升，一方面促進血液凝固，另一方面讓肝臟釋放出葡萄糖，以便使肌肉有足夠的能量；其次，是心跳加快，促進血液的循環和流通，讓流向胃部的血液可以調動到肌肉去；同時，人的呼吸也加快，這樣能夠增加氧氣的吸入量，滿足肌肉大量活動的需要。
- 停止不必要的、所謂深思熟慮的理性思考機制，由原始的本能反應來取代。

- 改變生活的目標和動機，停止觀察和欣賞四周景物，停止一切與作戰不相干的活動。

這樣一切的緊急動員，目的就只有一個：使身體充滿能量，準備應戰或者準備逃跑。在緊急關頭，救你一命的，就是那個古老、原始、直覺的大腦部分。不論我們是否對身邊的事物作出判斷決定，大腦是每一秒鐘都在保持對生命的決策，而且絕大部分決定都是不自覺的。

「到底是誰在駕駛着你？」人就好像一輛在公路行駛中的汽車，大腦就是那位司機。不！應該是三位司機在輪更操作，有時是可以是由大腦皮層的較為理性的司機所指揮；但有時則被那感性的、以邊緣腦袋為主的那位司機來駕駛；有時又會被那古老原始的、憑直覺條件反射的司機直接操控。

在不同情況下，三個不同功能的司機會分別擔當指揮的工作。但在生死相關的時刻，請問，你還能察看到四周其他不同的情景？還可以花費時間精力去探索不同的可能和選擇，可以理性嗎？這位會理性分析的司機當然要退下來，被其他司機「奪權」，由全自動化的原始大腦的程式來操作。

小時候，老師常常教訓那些不用功、懶惰或者做事馬虎的學生為「不用腦」；老闆也常常罵下屬「不帶腦子上班」；政客指責敵對官僚做出種種「無腦」、差勁的決定……對不起，他們都是錯了！他們的腦在任何時間都在活動着，只不過用來理性思考判斷的大腦皮層區很多時會被淩駕，而由那位不自覺的原始腦袋司機控制罷了，所以變成在別人眼中的「無腦」行為而已。

3.3 回應與反應

有一種名為海鞘(sea squirt)的甲殼類動物，它們剛出生時，會隨着海水飄流，當遇到一個合適的棲身地，如岩石、船底、珊瑚礁等的時候便會釋放出一種強力的黏液，然後永久黏附在這個「寄主」身上，之後，它的腦袋會隨即退化，甚至消失，因為在這個時候，海鞘已經不再需要大腦了，所有的行為都只是條件反射式的隨機反應就已經足夠了。

加州大學人類學教授約翰．杜比 (John Tooby) 提出了腦袋演化與社會發展關係不協調的觀點，他認為：「現代人的頭蓋內裝置着的仍然是石器時代的腦袋。[4]」(Our modern skulls house a stone age mind.)

現代人的腦袋仍舊與石器時代的沒有太大的分別，用來應付原始時代是綽綽有餘的，但對於複雜多變的現代世界，似乎就變得有點力不從心了。我們仍舊以原始的「反應」來面對現代世界的變化。

回應(respond) 與反應(react)有甚麼分別？

- 「反應」是當某事發生時，不需經過任何思考就作出的行動，只憑藉直覺、自動化的、情緒化的反應，目的是為了能夠存活下去。
- 「回應」，是經過思考之後作出的行動。

「反應」= 刺激 → 行動

「回應」= 刺激 → 思考 → 行動

---

4 Tooby & Cosmides "Evolutionary Psychology: A Primer" 1997 .http://www.psych.ucsb.edu/research/cep/primer.html.

今天，社會已經不會像原始世界一樣充滿了即時沒命的危機，無需有太多的不經思考的「反應」了，甚至，要更好的適應現代世界，可能我們需要限制那個原始的腦袋，別讓它過度干預邏輯、理性的腦袋。

我們作出「反應」時，是因為下意識覺得情況是不在自己可以控制之內。「反應」和「回應」兩者最大的分別在於，是對情境放棄控制，還是要有更多選擇去控制。

當只是「反應」時可以有的選擇是非常有限的，通常離不開「打」或者「走」；但當「回應」時，選擇就多的是了，我們可以選擇回答、探索、受理、承認、談判、打或者走…。

當遇上突如其來的事件或者轉變時，你會「反應」還是「回應」？

人是動物的一種，「反應」是所有動物的原始本能，也是強而有力的生存動力，這種「打」還是「走」的天性讓我們可以繼續存活下去。

但人之所為人，而非僅僅是動物，是我們有着控制原始本能的能力，否則就是被原始本能所控制，跟野獸沒有分別。

在文明社會，「打」和「走」也雙雙演化成為合乎文明尺度的方式：

「打」：暴力、攻擊、辱罵、誣衊、無理取鬧、無目的地指責……。

「走」：否認、轉移視線、投射、忽略、逃避、撤退、麻木、沮喪、抑鬱、極度情緒化……。

觀察一下自己，如果當「打」或者「走」是你面對危機和威脅的主要行動時，你可能是被原始本能所控制！

人與野獸最大的分別，是人有着更加寬廣的控制範圍和選擇。我們仍然帶着石器時代的腦袋來應付複雜的世界，當露茜小組遇上了資訊時代，不出現問題才怪！

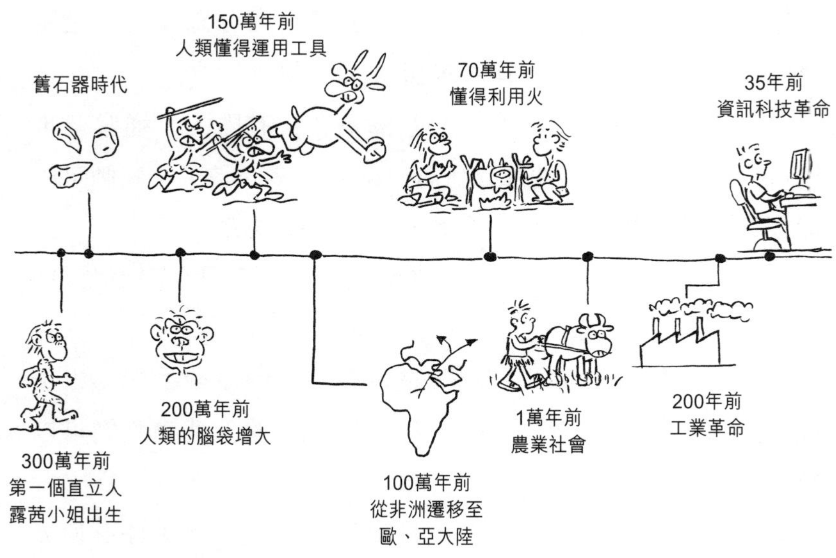

人類的腦袋是經過百萬年的演化才變成今天的模樣，這是一個漫長的適應過程，但自工業革命起，只是不足二百年的時間，生活方式已經出現了翻天覆地的改變，而資訊革命更加只是短短三十多年而已，社會的演變速度遠遠快過人類的自然演化速度，生存環境越來越複雜，以往人類賴以生存、行之有效的自然「反應」模式，在今天似乎已經變得不太靈光了。

第四章

不稱職的眼睛，不可信賴的大腦

人們比較相信自己希望是真的事物。

——培根（16世紀英國哲學家）

答案不是會不會，答案是你能不能看得到。

—— 蘇格拉底

當靈魂返回軀體，走向眼睛，並與它們碰撞，就產生了光，它佔據了我整個生命。

—— 佐芝．紀廉（Jorge Guillien）（西班牙詩人）

眼睛只是感官，看多看少，是心在決定。

—— 賴聲川（當代台灣創作人）

心智的殺人網絡

荷里活電影Matrix（香港譯名為《廿二世紀殺人網絡》，國內譯名為《駭客帝國》），總共拍成了三集，票房叫好叫座，Matrix一詞在字典中可以解作「母體」、「子宮」和「矩陣」

的意思，我們認為把它譯為「基體網絡」更為貼切。

電影內容講述在未來世界，機器和人類發生了戰爭，人類被打敗，為了磨滅人類的反抗意志，人們都被機械養在Matrix裏，人活在一個虛擬的世界中，看到、聽到、接觸到的都只不過是在虛擬世界裏被賦予的感受而已，人其實是在試管裏被培植，身體連接了無數條管子躺在機械維生器裏，無論是吃喝、排泄、生活娛樂、甚至性滿足，所有感覺都是由這些管子代勞，而有的管子吸收身體所產生的電能作為Matrix的能源供應，有的管子則把大腦和神經中樞接駁進名叫 Matrix的虛擬世界中，直至身體老化被排進廢物槽去。

戲中的主角尼奧 (Neo) 是極少數醒覺了的人，但他醒覺後才發現原本真實世界是比那個子虛烏有的世界更難以接受，他常常苦思兩個問題，就是「我是誰？(Who am I？)」和「我為何在這裏？(Why am I here？)」

4.1 視覺盲點

司機在開車前必須要先校正兩側及座位前的倒後鏡，在駕駛途中也不時用眼睛查看，因為兩側和正後方就是汽車的盲點，對於這些位置，坐在司機位上是看不到東西的，一個不留神就會造成意外，這是極危險的。下圖是引自香港特區政府運輸署出版的「道路使用者守則」，告誡駕駛者灰色部分是他們的「盲點」，車內和兩側的倒後鏡有助縮窄盲點。汽車存在盲點，人的眼睛同樣也存在不少盲點，不過，人天生出來就沒有裝置倒後鏡，要怎樣才可以縮窄盲點，以避免危險？這倒是一門很大的學問。

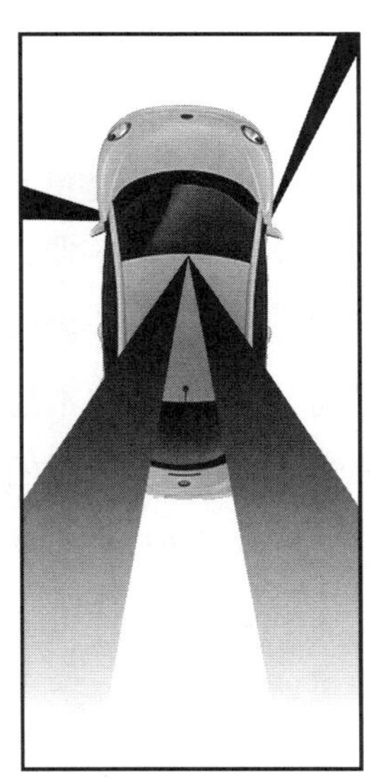

「視覺盲點」是指肉眼看不到的位置，或者是留意不到的事物。盲點是一種生理同時也是心理的現象。

我們之所以看到東西，全都是因為眼睛和腦袋兩個器官的互相配合，「視覺」可以分為「視」和「覺」兩個部分，眼睛引入光線，收集影像的資料，然後透過視覺神經細胞傳送到大腦，大腦把資料組合、分析和詮釋，變成我們看到的東西。理論上，眼睛是一個設計精巧的系統，比任何照相機要複雜得多，不應出現所謂的盲點，但是它卻不像照相機一樣，忠忠實實地把影像原封不動的反映出來，因為它會把部分畫面改變，或者扭曲，甚至消除，這就是「盲點」。為甚麼會出現盲點？

以下是一個簡單的測試：

○　　　　　　　　　　　　　　✚

閉上左眼，以右眼注視 ○，慢慢地前後移動頭部，約十秒左右後，右面的 + 會在視線內消失，因為在眼睛的構造上，有部分的小孔是無法感光的，接收不到這點的影像，當眼睛注視着一個定點時，這個定點不遠之處會出現一個小小的空白區域，這個感光細胞無法感測的位置就是「盲點」。你也可以再閉上右眼，用左眼注視 ✚ 再看一次，○ 會慢慢的從視線上消失。事實上，我們是隨時可以在視網膜上的任何一點製造出「盲點」，因為眼睛是不會把所接觸到的影像完完全全的傳送到腦部，總會有個別的位置是被遺漏了的。

4.2 大腦常常會被眼睛欺騙

上世紀50年代，英國著名心理學家布羅德本特(D. E. Broadbent)提出了注意力篩選理論。他認為，來自外界的資訊是大量的，但人接受資訊的能力以及高級中樞加工資訊的能力是有限的，因而對外界大量的資訊需要過濾和調節，只允許一條通道上的資訊經過並進行加工，一些資訊通過並得到進一步加工處理，只有經過過濾加工的資訊才會被准許進入，其他的都會被阻斷，或者被忽略，那些不能通過的資訊，即使有的會順利通過，也會被暫時貯存在短期記憶中，如果得不到有效的加工，轉化成為長期記憶，便會迅速衰退，直至消失。

眼睛不可能完全接收所有的視覺資料，但為何我們仍然覺得看到的東西是完整無缺的呢？原來，當不完整的視覺資料傳送到大腦之後，聰明的大腦會加以審視，作出過濾、加工或者修補，然後加以詮釋，而且整個程式是快速和潛意識的。

我們的大腦可能比眼睛更不可信賴，澳洲墨爾本大學心理學家歌德利亞．范恩博士(Cordelia Fine)形容大腦是一個不客觀的詮釋者，它甚至是一個故意撒謊的騙子，裏面是有很多扭曲了的稜鏡，我們就是利用這些稜鏡來過濾、認識和處理從視覺細胞傳來的影像資料。在處理的過程中，大腦會過濾、誇大、篩選、扭曲、美化和改寫這些資訊，所以在腦外世界呈現出的事實，在腦內世界裏可以給改編得面目全非。

在上圖有三個符號，你看到甚麼？對，是英文字母P、I和H，即使這明明只是幾條直線和橫線組成的、可能是沒有意義的圖案。

再看看下面一組數字，明顯的，這是12、13和14，但再看看較右面的另一組英文字母的排列，很清楚，這是A、B和

C。我們的大腦確實作了這些詮釋。但請再看清楚，兩組圖形中間的其實不是B也不是13，這只是一個缺漏的、沒有意義的符號，但大腦明顯是不容許視覺出現這樣的缺漏，於是便自動化地將上下或者左右的資料作參照，而作出「合理」的推斷，賦予它適當的詮釋和意義。

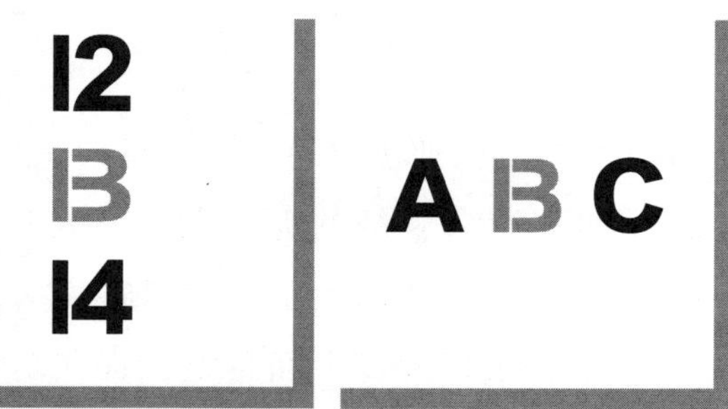

看看以下三組圖案，雖然右面的茶杯、酒杯和花灑是不完整的，但大腦會從這零碎的線條推斷出它是甚麼。

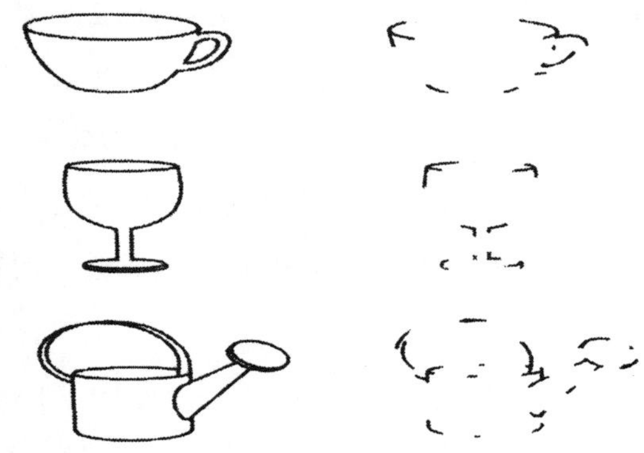

請細看以下一段文字：

「善待自己，懂得好好對待自己是　　重要的。心理學家　　一個人懂得　　自己，是可以抵抗憂鬱、焦慮、沮喪這些不開心的狀態。而要對　　　　一些，一般女性常用的方法就是買禮物　　自己，亦有人會化悲憤為食量。在一項調查發現，女性利用吃來治　悲憤的比例，比起男性大三倍；而　　傾向於飲酒或者吃藥的比例又比女性大五倍。」

雖然文章中間有一些文字是缺漏了的，讀起來應該會有點困難，但大腦一旦適應了，它會作出調校，自動推斷缺失部分的文字，為空白的框框補上意義，所以在閱讀時，這也不會阻礙我們理解文章的意思。

在與別人的對話中，雖然對方常常會省略了一些字句和發音，但我們仍能聽得到整句說話的意思。

在現實生活中，這種「眼睛看漏了，但大腦子作出修補，加上自己的註解，使之成為有意義的句子」的例子幾乎每刻每秒都在發生：

- 「一個滿身酒氣的中年漢倒臥在街中。」必定是一個酒鬼，不必理會，就讓他繼續躺吧！
- 「深夜，一對男女從時鐘酒店鬼鬼祟祟地走出來。」不用說，肯定是一對偷情男女！
- 「近日，常有女子打電話給老公，而他說電話時細聲私語偷笑。」不用說，必定是在包二奶，搞婚外情。

我們的腦袋會自動把有限的、有缺漏的資料加以補充，然後編織成一個完整的故事，更以這故事為依據作結論。

看看下面的圖畫，你會看到它是一隻兔子，但同樣也是一隻長咀的禽鳥，這視乎你從哪一個角度看。

你可能已經從不同的場合看過這張圖片很多次，你也許完全清楚知道該如何去看。但有趣的是，當你再看時，你明明知道它們是不只一個面，但總是會先看到某一個面貌而忽視了另一個。這就是你的「盲點」。

再看看以下一張你可能曾經看過很多次的圖片。你看到甚麼？是年青的美女？還是一個醜陋的老女人？對！兩個看法都是真的，它同時是美女，也同時是醜的老女人，視乎你從哪一個角度看。如果你先看到是美女的話，你的「盲點」是看不到老女人這一面；同樣，如果只看到老女人，盲點就是美女。在真實世界裏，事物本身就是由很多方式組合而成的，如果你只看到其中一個部分，你看不到的那些部分就是你的盲點。

心理學家利用這張「年輕女子和老婆婆」的圖畫作進一步的研究，把它分為三張獨立的圖片，圖片A是一個年輕女子，圖片C是老婆婆，圖片B是兩者的混合。實驗時，將參加者分為三組：

- 第1組只看B圖，他們都不會看到其他兩張，結果有65%的人將它看成為年輕女子，35%看成為老婆婆；
- 第2組先看A圖15秒，然後再看B圖，結果全組人都把B圖看成為年輕女子；
- 第3組先看C圖15秒，然後再看B圖，結果有96%的組員把它看成為老婆婆。

看漏的原因可以有以下三個：(1) 是未有去發現；(2) 是未懂得去發現；但更重要的是 (3) 由於自己的盲點，導致自己不自覺的選擇性地看東西，那就只令自己看到自己想看到的，所以出錯在於「看漏」而非「看錯」！

回望在第一章中的那些高智商的聰明人、甘迺迪總統、大空總署的負責人、興建水壩的工程師，他們做錯或者看錯了些甚麼？他們的動機絕對是良好的，他們基本上是有很高尚的理念和清楚的目標，他們在道德上雖稱不上是完美，但起碼是廣為世人所接納的，他們失敗的原因只是在過程中，「看漏」而非「看錯」一些重要的東西，因而引發「一子錯滿盤皆輸」的結局。

第五章

假的假設應付真的世界

一群囚犯被囚在洞穴裏，他們面向洞壁，身體被鎖鏈綁着，不可能轉身回望，在他們背後是一堵矮牆，矮牆後面是一條供獄卒和肩負器皿的人活動的通道，通道旁燃點了一團火，火光把獄卒和其他人的活動投影到洞壁上，囚犯一生所看到的只是由火光投射出來的影像。對囚犯來說，這就是他們認知世界的全部，他們的真實世界就是一團團會活動的黑影子。

有一天一個囚犯逃脫了，他穿過矮牆，越過火堆，逃出了山洞，見到真正的光明，赫然發現真實世界不是黑影子，原來以往所見都不是真實的。他慶幸可以看到有色彩和立體的世界，但也歉疚自己的弟兄姊妹仍活在黑暗當中，於是他千辛萬苦的要返回洞穴，要將「真相」告知他們。

但是，其他囚犯不但沒有感激他，反而怒不可遏地駁斥他在欺騙，大家明明看到的、接觸到的都是黑色的東西，何來那麼多顏色！這分明是在散播謠言，憤怒的囚犯合力把這名「說謊者」趕走。

*　　*　　*

這個洞穴人的故事是出自二千多年前古希臘哲學家柏拉圖，他提出了有趣的哲學思考題：「究竟甚麼是真實？」我們每一刻親眼看到、聽到、觸摸到的世界，明明是真實的，以為千真萬確的，都可能只是子虛烏有，是自己騙自己的一場幻覺而已。

5.1 女人比宇宙複雜

著名物理學家霍金來港演講時，曾經表示：「女人較宇宙更複雜，希望能多了解女人。」人的心裏到底在想些甚麼？這的確是較浩瀚的宇宙更難理解。在科學昌明的今天，我們可以以最先進的儀器探索宇宙，瞭解萬物的運作，但卻不可能打開一個人的腦袋，揭開對方的心，窺探他/她究竟在想些甚麼。

人到底是如何思想的？很多心理學家都把思想過程比喻為一座冰山，露出水面的只是冰山的一個小角，這是可以見得到的外露部分，是行為外表，但最巨大的部分是潛藏在水底，別人無法看得見，連自己也不會明白的，即是思想和推算結論的過程，也就是俗稱為潛意識的部分。

辦公室政治故事兩則

【第一則】

John與Amy 一起工作了兩年半。Amy是一個十分講究整齊和效率的人，當她的桌子不整齊或看到辦公區域內有甚麼不妥時，就不能集中精神，只有在徹底整理好辦公室後，才能覺得平和，她喜歡按部就班地處理事件。John則剛好相反，雜亂無章對他來說沒有任何影響。事實上，John喜歡自由，他有自己找東西的系統，不喜歡被硬性規定，很多時候他要花多點時間才能找到東西，有些東西會放錯地方，但他認為那只是他自由自在的生活方式的一點小代價。Amy和John在同一個辦公室都快被對方弄得發瘋了。

近月來，他們被委派要一起處理一個項目，情況就變得更加極端了。Amy要求更加整潔，而John看上去就更加雜亂無章，所有事情似乎變得更糟糕。事實上，兩人都比以往更加頑固地認為自己是對的，只是對方有成見罷了。John擔心如果他讓步並加強組織性，可能會失去自由，而且Amy會得寸進尺。Amy擔心如果不繼續迫使John加強工作效率，他們合作的項目就會變得草率而影響質素。

「她經常吹毛求疵！」

「這個傢伙總是亂七八糟！」

「她得寸進尺，步步進逼，我將會沒有位置了！」

「要是他又是這樣胡亂做事，項目便要泡湯，我的事業就要完蛋了！」

各自對對方的譴責令他們的關係更趨緊張。

【第二則】

Tommy和Mike是公司的合夥人，近來他們發生過多次爭吵。他們說彼此在對待員工方面的意見完全不同。Tommy聲稱Mike太過縱容員工，以致他們都騎在老闆頭上；Mike則認為Tommy對待員工好像一個暴君，沒有開明的態度，只會扼殺他們的生產力。

有一次，一名員工被「逮着」利用工作時間在互聯網上幹私活。Tommy認為需要給那位員工一點顏色，那樣他才不敢再犯，「否則公司就要給弄垮了！」

Mike同意要教訓他一下，但覺得無需太苛刻，「否則會打擊其他同事的士氣！」Mike認為這只是一件不太嚴重的小事，Tommy立刻反駁說這是一件大事，如果他們不採取點甚麼措施，將會後果堪虞。

「Tommy簡直是一個暴君，不當員工是人！」

「這樣下去，所有人才都給嚇怕跑光了！」

「Mike懦弱得不得了，事事被『騎着』，總是扮演好人，跟他合作真是糟糕了！」

「這樣下去，公司快要完蛋了！」

各自對對方譴責，令他們的關係更趨緊張。

John與Amy、Tommy和Mike都希望把工作做好，扮演好自己的角色，但卻因此而產生發生衝突，互相針對，計算對方說話背後的動機，而且很快便對號入座，推論出這是針對自己的說話，所以會自動地作出防衛的反應。

想像一下如果你的上司用平直的語調，拉長面孔，對着你說出以下的說話，你會推斷出甚麼結論，從而又會作出甚麼反應？

「你又遲到了！」

「開會時你總是…！」

「你今年營業額又下降了！」

哈佛大學著名系統論學者 Chris Argyris 提出了「推論的階梯」（Ladder of Inference）的理論，他認為人們通常對某些事物所下的結論，往往是建基於一些既定的假設，而這些假設則是來自堅信不移的價值觀、信念和規則，即是我們相信的看法，而且它們通常都很穩固，不容易改變。這些價值觀、信念和規則接着又會深深地影響我們對事物的看法，我們會從眾多原始資料中篩選想選取的，並賦予意義，推斷成為難以改變的一種結論，而這種思考的模式會概括地成為對所有相關事情的態度，最後成為自己慣性的思維模式。

Chris Argyris的推論階梯的過程是從下往上推論：

- 我採取行動(必須要向Mike攤牌，他不能再這樣縱容員工！)
- 我對於這個世界所建立的信念(縱容不稱職的員工，會弄垮公司。)
- 我下了結論(Mike又在扮好人，縱容員工。)
- 根據我的詮釋，我作了一番假設(對員工必須要依章行事，否則就是縱容。)
- 我為這些資料加進意義(Mike又再扮好人！)
- 從觀察中我選了想要的資料(Mike只是對他微笑，沒有予以處分。)
- 我觀察到的「原始資料和經驗」(今天又有員工遲到，Mike沒有予以處分)

我們經由攀爬推論的階梯作出結論和行動：從可以觀察到的資料「池」中選擇「資料」，然後自己對選擇的資料賦予意義，再基於這個意義做了一些假設，根據這些假設下了某些結論，並採納了某些信念和規則，基於我們在「頂端」達成的結論採取行動，然後我們得到結果，這些結果又影響我們選擇的資料，因而增強了我們原來的信念[5]。

5 關於推論的階梯的理念，可參閱 Peter Senge “The Dance of Change - The Challenges of Sustaining Momentum in Learning Organizations” 1999 Nicholas Brealey Publishing, London. Pp120-125, 309, 332.

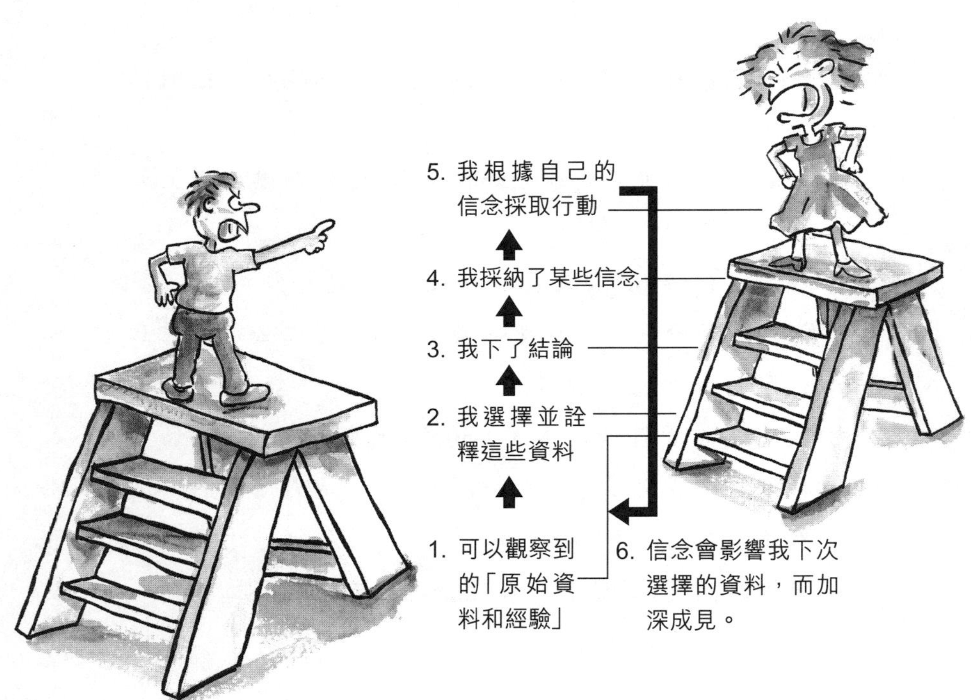
5. 我根據自己的信念採取行動
4. 我採納了某些信念
3. 我下了結論
2. 我選擇並詮釋這些資料
1. 可以觀察到的「原始資料和經驗」
6. 信念會影響我下次選擇的資料，而加深成見。

推論的階梯

對方所「説」的	自己所「聽」到的
「我今晚不想外出！」	「你不想和我在一起，你變心了！」
「哇，他們以前沒給你剪過短髮吧！」	「我看上去很醜！」
「今晚不看電影了，我頭痛。」	「你開始對我冷淡！」
「真失敗，讓你這麼難過！」	「你並不關心我的感覺！」
「你工作到很晚的時候，我會孤單！」	「你對我感到失望！」
「我不喜歡你把空盤子留在客廳裏！」	「你認為我是一個懶鬼！」
「公司今年差點兒要賠本了！」	「老闆的意思是要裁員了！」

在日常生活中，有許多的看法都只是基於自己的假設，未經檢驗過的，但是我們就是根據那些觀察和經驗而得出結論，這些結論久而久之就會形成一種信念，這些信念就會影響我們看待事情的角度以及所採取的行動。時間一久，我們就會省略當中的過程，因為它們是潛藏冰山之內，是不容易發覺的，但卻直接地主導了我們的行為和思考，於是我們就這樣上了推論的階梯。在階梯的頂部觀察理解世界，從而作出各式各樣的反應。

因為是在梯頂看世界，所以忽視了階梯下層的思維過程。我們多麼容易就不加思索地，急急跳到梯頂，做出反射式的結論和行動。大多數人都不知道，原來根深柢固的態度或想法，其根源是在這裏，因為多年跳躍式的推論，我們已經習以為常，不復記憶最初的原始資料。在日常生活中，我們習慣了就對方的一些説話作出反射式的結論，例如：

Chris Argyris認為，我們沒有去質疑並深入地思考為甚麼，就作出結論和反應，那麼我們將成為沒有思想的木偶，隨人擺佈了。這座推論的階梯就是我們的心智模式(Mental Models)，而心智模式更是溝通障礙的來源，因為：

- 人人都有自己一套或者多套獨特的心智模式。
- 心智模式決定我們如何看和看見甚麼。
- 心智模式導引我們如何思考和行動。
- 心智模式導致我們把自己的推論看作事實。
- 心智模式總是不完整。
- 心智模式影響我們得到的結果，而結果又會增強了心智模式，形成更根深柢固的信念。

為甚麼人心難測，甚至比浩瀚宇宙更難以理解？因為每一個人都是站在自己的梯頂與別人溝通，用自己的心智模式去判別對錯，看不到階梯的下層是如何構造的，這就是自己的「盲點」，當然，我們也不會花精神時間去理解對方的階梯是如何形成的，對方的階梯下層也是看不見的「盲點」。

人際之間的誤會、衝突、偏見甚至歧視的行為，很多時都是因為我們都是在梯頂溝通，而對階梯下層的其他資料、信念想法茫然無知，視而不見。

二千多年前，柏拉圖提出的洞穴的寓言，我們明明親眼見到的，以為是千真萬確的「事實」其實都可能只是虛假的倒影而已。

5.2 真理與真實

人類的歷史是由衝突和戰爭交織寫成的，為甚麼人類總是爭鬥不絕？多少人為執着自己相信的真理而先是與別人爭議，繼而戰鬥？他們有道理嗎？

真實(reality)是實際的存在 (actually exist)，而真理(truth)卻只是共識的reality (consensus reality)，亦即大部分人相信某事物是實際的存在，但是否真正、實際的存在？則是見仁見智，可能視乎從甚麼角度來理解詮釋。

要減少爭論、衝突，我們要追求的是truth而非reality，只要大眾相信，而你在依照大眾相信來決定和行事，遇到難題衝突的機會便大大減少；能發現reality當然最好，但需付出的代價也更大，愛因斯坦更曾說過，我們根本無法知道事情真正是如何發生的，我們實在難於找到真實。

一群相同信仰的人聚在一起討論他們心目中的「上帝」，當然不會有甚麼難題或者衝突發生，而且大家更可能討論得充滿興致；但當與一群無神論者或別的宗教信仰者討論「上帝」時，難題就會發生。為甚麼呢？因為「上帝」在一群相同信仰的教徒心中是一個「真理」，但在無神論者或別的宗教信仰者來說，這位「上帝」卻絕對不是「真理」。

當我們相信某事物是真相時，我們的取向是把自己相信的事物當作真理，真理是腦內世界的東西，而真實是腦外世界的事物，經過資訊的重重過濾，兩個世界的事物自然大為不同，但當兩者不能協調甚至互相矛盾，難題衝突當然容易產生！正是因為我們腦內存在着這種錯綜複雜的過濾系統，加上每一個人都是站在「梯頂」看世界，堅持自己看到的就是「真理」，那麼，爭拗、矛盾、抗拒是在所難免的，難題、衝突、爭鬥當然也在所難免！

為甚麼我們會「看漏」、「看錯」？

- 因為，在原有價值觀、信念和規則的篩選下，把認為不重要的過濾了，經過重重的過濾，把認為假的、不正確的都過濾、篩選掉，剩下來的再經過刪除、扭曲和概括化等加工處理，總結出來的所謂「事實」已經改了型、變了質，與原貌判若兩樣！
- 因為看得太快，急於決定，也自然容易看漏！
- 因為在已有答案的情況下，當然只會選擇看到符合自己心中答案的資訊！
- 因為在情緒心理的蒙蔽下，他們只看到吻合引致情緒的想法的資訊！
- 因為只看到系統的片面，看不到整體！

第六章

失敗者的邏輯

網羅天下放佚舊聞，考之行事，稽其成敗興壞之理。

——司馬遷《史記》

司馬遷撰寫《史記》，蒐集天下發展的資料，考證史實，目的是為了探討歷史上成敗興亡的原因，追究箇中的道理和規律，從而作為統治者或者是個人的參照教訓。司馬遷認為歷史的發展是會因應一定的「規律」而行的，他所指的歷史規律就是：「是以物盛而衰，時極而轉，一質一文，終始之變也。」

自古帝王將相，英雄豪傑，無論是如何顯赫威風，呼風喚雨，到頭來也是逃不過最終失敗的命運。世事常變，成敗互相更迭規律，萬物往往是由興盛到衰敗，錯綜複雜，成功不會是永恆的，失敗也不可能永久持續，這是歷史發展的規律，也是不可逆轉的發展形態。但如何從歷史經驗中汲取教訓？在成功時可以做一些事情來避免或者延遲失敗，這倒是歷史研究的藝術。

如何看出「規律」呢？司馬遷也說過：「見盛觀衰，承敝通變。」

6.1 見盛觀衰，承敝通變 —— 向失敗學習

歷史發展的規律，是可以細心地「觀看」，從而發現得出來的，他認為若要「見盛觀衰」，首要做到的就是要「承敝通變」，即需要「看得通透」，不要被混亂的眼前狀況和看似豐富其實是雜亂無章的資料所蒙蔽，用現代的術語來解釋，就是要洞悉「盲點」，要看得深，看得遠。

* * *

2003年，布殊總統決定出動地面部隊準備攻打伊拉克，要打一場城市巷戰，據說，軍隊在出戰之前被安排觀看一部名為《Black Hawk Down》(香港譯名為《黑鷹15小時》)的荷里活(好萊塢)電影。電影講述在1993年，東非洲小國索馬里發生內戰和饑荒，有最少30萬人餓死，聯合國派出維持和平部隊進駐進行人道救援，誰料遭到索馬里軍閥阻撓，最大的軍閥艾迪德(Aidid)的軍隊盤據首都摩加迪沙，向聯合國軍宣戰，於同年10月，美軍派出精銳的三角洲特種部隊進入艾迪德的根據地，要捉拿艾迪德的政府要員。

美軍認為這只是一項簡單的任務，預計一個小時就可以完成，不料當黑鷹直昇機運載士兵到市中心的時候，卻遇上了艾迪德軍隊用重型武器頑抗，而且全民皆兵，數目遠超最初的預計，殺美軍一個措手不及，原本一小時的行動，演變成為十五小時的血腥巷戰，雙方死傷慘重。雖然美軍最後可以慘勝脫險，但最意想不到的是，數日之後，美國人在家裏的電視新聞上，親眼看見索馬里平民拖着一具赤裸的美軍屍

體，在大街上被憤怒的民眾用石頭擊打，血腥的場面歷歷在目，震驚了整個美國社會，要求撤兵的輿論突然高漲起來。

這次小型的軍事行動更被譽為是美軍在越戰之後最沉重的失敗。

*　　*　　*

出戰伊拉克的美軍在看完電影之後，士兵須進行小組討論，以檢討這次軍事行動失敗的原因，在遇到同類頑抗時，應該有何反應行動，士兵是要從失敗中學習如何部署和脫險，美軍高層更要學習如何運用傳媒打勝媒體心理戰。失敗的經驗絕對是最佳的學習材料，向失敗學習也是現代社會，無論是軍事上或者商業上都需要學習的重要課題。

美軍並非首次動員強大的人力物力去向失敗學習。越戰慘敗之後，美軍一直在對戰爭的失敗進行總結，反覆研究為何強大的美軍會在小小的越南戰場吃盡了苦頭，並把越戰的失敗研究作為軍校學員的必修課；在攻打阿富汗塔利班之前，美軍也預先對當年蘇聯陷入阿富汗的泥潭，慘敗而回，進行了專門的分析研究，從中找出致勝的方法。

1991年，海灣戰爭結束後，美軍以迅雷不及掩耳的速度、最少的傷亡而能擊敗伊拉克軍，解放了科威特，舉世震驚，世界各國紛紛向美軍學習其成功經驗，但美軍卻研究了伊拉克戰爭中的不足，並總結出有幾個方面需要作出改善；例如，美軍的「先發制人」策略，快速推進部隊先迅速攻克敵軍陣地，但補給物資卻沒有跟上，有時部隊不得不到處搜尋食物、燃料和醫療用品，使得部隊陷入進退維谷的情況。俄羅斯也不甘示弱，計劃興建「失敗紀念館」，總結歷史上各次失敗經驗，汲取教訓。

學曉失敗，才可以持續成功，因為沒有一個真正的成功者是未嘗過失敗的滋味的，沒有一個真正的成功者是未曾試過從失敗中站起來的。

6.2 犯小錯可以釀成大災禍

在商業社會裏，教人如何成功的書籍多如繁星，教人如何成功的課程更加是收費昂貴，也能吸引各階層的朋友前仆後繼地報讀，但這類書籍或者課程真的可以幫助你成功嗎？如果對「成功」和「失敗」沒有清晰的理解，無論看多少本書，上多少個課程都是浪費時間和金錢。

「失敗」是指做不到想達到的成果，所以也會有失敗的億萬富翁、失敗的帝王將相、失敗的大人物、失敗的聰明人⋯。

達不到預期的效果，絕大部分的原因是在事情的過程中「出錯」所引致，過程是指「輸入」、「處理」和「輸出」，即上一章所指出的「看」、「想」和「做」的過程出了錯。請留意，我們所討論的是「出錯」，而非「犯錯」，兩者是有明顯的區分的：

犯錯：是從比較標準來決定，標準可以是法律、規則、道德等等。

出錯：則是從比較能否達成預期的輸出來決定。

在這過程中，「輸入」是最為關鍵的一環。在「輸入」的環節中出現小錯，可能會形成大錯，對的「輸入」可以成功地激發或改變一個程式，以達致預期的「輸出」；相反，錯誤的「輸入」絕對是失敗的關鍵。錯誤的「輸入」可有兩類：

(1) 輸入不能成功地激發或改變一個程式，或者即使能激發或改變一個程式，但卻不能達致預期的「輸出」；

(2) 能夠達成預期的「輸出」，但卻同時或其後引發其他不符合原定預期的其他「輸出」。

舉例來說，假如你沒有足夠的金錢，卻又想買一部新款的手提電話，於是便以信用卡簽帳購買，但過後因欠債太多，唯有賣掉那部手提電話，但也不夠還債，結果連預備想購買的新衣服、新褲子、新手袋的願望也不能達成，所以十分不開心。

以簽帳購買新的手提電話為例，簽帳借貸是「輸入」，它可以為你換來開心快樂，達成原定的預期「輸出」，這看似是對的，但如果看不到自己的能力如何，不知道自己基本上是沒有還款能力，到頭來仍是要賣掉手提電話來還債，即其後不能符合原定預期的「輸出」；更嚴重的是，現在手提電話沒有了，為了要還清債務，就連預備過新年時會買的新衣服、新褲子、新手袋也不能買了，這更不符合其他預期的「輸出」。進一步，如果購買東西的目的是尋找開心，那麼，這就連預期的「輸出」也不能符合，造成更慘重的失敗。

以借貸來購物 (輸入)，這是很多人日常生活的常態，雖然是出了錯，卻只是小事而已，是不至於影響整個人生，但如果這錯誤的「輸入」連續發生，積少成多，到最後就會形成不可收拾的大錯，因為眾多細小而錯誤的「輸入」，絕對可以造成驚人而重大的錯誤 (輸出)，這是連串小錯形成大錯的道理。

如果看不通整個系統是如何運作的，摸不清導致失敗的模式，只是獨立地處理系統中每一細小部分，着眼於單一局部的因素；這樣，即使是單一的小錯，也可以釀成難以收拾的大錯。

6.3 失敗者的徵狀

滿清乾隆皇帝晚年，中國以天朝自居，視其他國家為藩屬國，對歐洲興起的工業革命以及國際形勢一無所知。1793年，正值英國在工業革命後冒起，開始稱霸海洋，大力擴展殖民地勢力，英皇喬治三世派遣以馬可尼 (George Macartney) 為首的六百人龐大使節團來到中國，要求滿清政府開放港口通商、建立使館以及減免關稅，但滿清朝廷認為英國只不過是遠來朝貢的蠻夷小邦。乾隆皇帝接見馬可尼時，要求他雙膝跪地及行三跪九叩之禮，馬可尼拒絕，只肯單膝跪地，乾隆認為這位英國「夷人」不守禮節，對他的要求全部拒絕，並打發回國。

乾隆為宣示國威，在馬可尼回國之前順道安排他檢閱清軍和遊覽江南景物，讓他一睹中國是何等的富庶和強大。馬可尼是一個觀察力極強的外交家，不為浮誇豪華的排場所蒙蔽，他看到中國官員目光如豆，對西方世界毫不知情；滿清軍隊裝備落後，衣衫不整，紀律鬆散，全無軍容可言，所穿著的闊袍大袖軍服根本不可以作戰；乾隆為使節提供每天五千兩白銀的招待費，絕大部分都被官員上下其手，中飽剋扣，貪污手法使人側目；馬可尼在沿途的城市見到滿街乞丐，市民居住情況很差，房子大都破舊不堪，秩序混亂，衛生環境惡劣……眼前的種種景象，全都與一個所謂富庶的天朝大國相差得不成比例。

馬可尼回國後向國會提交報告，認為滿清只是表面強大，內裏已經腐敗不堪，失敗衰亡是遲早的事。47年之後，鴉片戰爭爆發，展開了中國漫長而黑暗的屈辱時代。滿清政府的失敗命運，早已被這位英國「夷人」看個通透，因為失敗的行為確是有迹可尋的，馬可尼不被浮誇的表面所蒙蔽，看到背後的真相，只是滿清朝廷上下都茫然不知，看不到、聽不見而已。

*　*　*

一個人在發病的時候，身體會出現某些表面的徵狀，讓人可以從外表觀察得到，如發燒、發冷、咳嗽、血壓突然上升……這是發病的徵兆，醫生可以對症下藥，但如不及時診治，後果可能會十分嚴重；一個人、一間公司、一個社會甚至一個國家，在衰敗之時也會有一連串的徵兆，讓人可以在表面上觀察得到，如果不對症下藥，及早「診治」，也會日益衰敗，直至氣絕身亡為止。試想像一下，一個人在失敗的邊緣時，他/她的外貌行為是怎麼樣的呢？

如何診斷「失敗」？在現今的社會，「失敗者」的表徵行為基本上可以歸納為以下七種：

(1)混亂：在典型的卡通漫畫裏，失敗者永遠都是頭髮散亂，衣衫污穢，生活亂作一團。在現實生活中，失敗者的外貌其實也相差不遠，他們的辦公桌面總是亂七八糟的，永遠找不到想找的東西，他們的生活也是亂不堪言，人際關係不用說也是亂得一團糟，沒有制度系統可言。失敗的公司也是一樣，上下混亂不堪，財務人事管理上更是沒有制度可言，而且朝令夕改，失去方向。最糟糕的是，他們的思想、態度都是同樣混亂，發生事時就不知如何是好！

(2)殘舊：殘舊是指殘破的、不合時代的東西，不單包括可以看得到的設備、用具、方法和制度，更重要的是指那個冰封了的、陳舊的腦袋和那一成不變的心態，永遠是故步自封，冥頑不靈，覺得過去行之有效的事物和制度，為甚麼現在要改變？

(3)疲累：幾乎所有失敗者、失敗的企業都會表現出疲憊和了無生氣，失去向前邁進的動力。試想，每天都活在混亂之中，都要把精力投放在突如其來的事件、投訴和衝突中，不知道如何運用時間，不懂得有效分配工作，不肯也不放心或放手給其他人做，自己應該做的沒有時間做，不該做的卻要疲於奔命地忙於應付，這樣身心不疲乏才怪！

(4)盲目：在失去方向不知如何是好時，最顯然易做的方法就是不管甚麼盲目行事，任憑原始反應行為所支配，只要雙手觸摸得到的東西，就當作是救命草，盲目的代價就是胡亂決策，耗費時間精力，結果是弄巧成拙，本末倒置，把事情弄得更糟。

(5)狹窄：狹窄是只着眼於狹小的視野和觀點，從單一的角度來分析體察，以片段方式看事物，不知有更廣闊的世界，不曉得運用其他人的資源和智慧，在今天變化莫測的複雜世界，講求的已經不再是個人的狹窄觀點或者是自己有限的才能，而是群眾智慧，閉門造車、自以為是往往只有死路一條。在公司中，當管理團隊視野狹窄、身處困境時，人人都只把時間花在維護自己的利益，不同的意見常在此情形下被壓制下來，團隊精神就消失了，狹隘愚蠢的思想行為便應運而生。

(6) 迷茫：迷茫是失去方向，思想混亂，陷入了如霧一般的混沌，看不清周圍的景色，都是灰濛濛的不清楚自己的想法，執迷不悟。

(7) 散漫：廣東話常用一句話「三魂不見了七魄」來形容面臨失敗的人士，因為他們大多是行為和容貌都是沒精打彩、散散漫漫的。在現實世界裏，跟不上又快又亂的資訊，工作效率自然減低，行為、心智和行動都呈現散漫，沒有方向，只有消極的情緒。

6.4 七宗罪

上世紀60年代，管理學大師杜拉克(Peter Drucker)以及馬茲祿(Fritz Machlup)相繼提出「知識型社會」(knowledge society)的概念，他們預見工業社會快將結束，「知識」將成為人類社會的主要生產工具。知識社會跟傳統工業社會很不同，生產技巧及技術日新月異，天天求新求變，知識的更替更加快速，剛剛出現的產品，轉眼可能已經被淘汰。

1980年代，荷蘭皇家殼牌集團(Royal Dutch Shell Group)主管德赫斯(Arie de Geus)領導的一個專案小組，對如何維持企業持續發展進行了研究，並寫成了一本名為《長壽公司》

(The Living Company) 的暢銷書[6]。書中指出，在資訊社會裏，人的壽命會不斷延長，但企業的壽命就會急遽縮短，它舉出一個例子，原本在70年代高踞《財富雜誌》(Fortune) 世界500大企業排行榜的公司，到了1983年，其中有三分之一不是已被收購或宣告倒閉，便是與其他公司合併了。在美國，平均有六成以上的公司，壽命活不過20年，只有2%的公司能存活50年或以上。

面對着前所未有的競爭，在這快速的殺戮戰場之中，實在是危機四伏，失敗的個人或者企業數目遠比過往任何一個年代都可能要多，適應的問題也便日益嚴峻。

綜合上述對資訊和知識型社會的現象，可以歸納出以下七種資訊型和知識社會的發展趨勢，而這些趨勢卻改變了人們對生活的反應和態度，形成更多的「不適應」情況，從而成為出錯的「原型」，如果不能恰當地回應，就會出現失敗的「徵狀」，這些是導致錯誤和失敗的重要「成因」。

1. 多：資訊太多，如果不懂得「整理」，就會造成「混亂」。
2. 變：變化太急，如果不懂得「創新」，就會變得「殘舊」。
3. 散：資料來源和散落凌亂，工作變得沒有核心，如果不懂得「放權」，就會變得「疲累」。
4. 偽：市場上充斥着各種虛假的資訊、貨品和服務，如果不懂「分辨」，就會變得「盲目」。

---

6 Arie de Geus《Living Company—Habits for Survival in a Turbulent Business.》Harvard Business School Press, Boston.

5. 新：新的東西層出不窮，而且很快便會淘汰，如果不懂得「學習」，就會變得「狹窄」。
6. 雜：世界變得太複雜，所有事物都互相連貫，如果不懂得「思考」，就會變得「迷茫」。
7. 快：時速是取勝之道，如果不能看得「準確」，到頭來就會變得「散漫」。

引發失敗的原型	成因	徵狀
多 →	不「整理」 →	「混亂」
變 →	不「創新」 →	「殘舊」
散 →	不「放權」 →	「疲累」
偽 →	不「分辨」 →	「盲目」
新 →	不「學習」 →	「狹窄」
雜 →	不「思考」 →	「迷茫」
快 →	不「準確」 →	「散漫」

歸納而言，引致失敗的原因，主要是由於我們不懂得「整理」，不「創新」、不懂得「放權」、不「分辨」，不「學習」、不「思考」、不能看得「準確」所致，也是引發失敗的七宗罪。同樣道理，整理、創新、放權、分辨、學習、思考和看得準確，就是資訊型社會的致勝之道。

失敗絕非單單是一堆可以看得到的徵狀，徵狀的背後是一系列的「因」和「果」的互動關係，是一個錯綜複雜的系統，如果只醫治徵狀而不理會背後的「原型」，和忽視當中的因果關係，只會是搔不着癢處，甚至改變了整個系統的運作，牽一髮而動全身，使系統變得更複雜和更難處理。（在稍後一章，我們會集中討論甚麼是系統，以及如何以系統式的思維去尋找盲點。)

「失敗乃成功之母」這句話雖然了無新意，聽起來有點過時，但絕對是發人深省的真理。洞悉失敗的規律，誠心向失敗學習，可以幫助我們看多一些，看大一點，看遠一些，沒有看漏應該要看到的東西。人們會因為視野擴大了而可以發現更多的選擇和可能性，當選擇多了，便不會因看漏重要的東西和觀點而思想封閉了。如果有更多的可能和更多的選擇，也許悲劇是可以避免的。發現和認識自己盲點，是為自己提供多一些選擇，選擇越多，成功機會也會越多。

最後，我們向讀者諸君贈送七個令你不再好心做壞事、避免失敗的錦囊妙計：

1. 不失敗是「打開雙眼」，看清世事的規律，身在規律中而自知；
2. 不失敗是順着規律而行事，與世界結伴而行；
3. 不失敗是不走在規律大後方，掌握先機；
4. 不失敗是走在規律的前方，抛離後方；
5. 不失敗是全面擁抱規律，與機會共舞；
6. 不失敗是朝着規律而改變；
7. 不失敗是依規律而行，順流不息。

6.5 向失敗學習的12個原則

1. 失敗是人生的一部分——因為人生不如意事真的是十常八九，失敗總是佔了大多數。

2. 失敗會引發更大的失敗——做了十件「對」的事，也未必會使你成功，但只要做「錯」一件事，絕對可以導致徹底的失敗，如果你發現不到當中的運作模式，失敗是會永遠伴隨着你。

3. 失敗讓人更堅強——如果你對失敗有更全面、更通透的理解的話。

4. 失敗是無可避免的——如果你認為失敗是由於其他人或者是全由外在因素所引起，與自己完全無關。

5. 失敗是可以避免的——如果你能夠理解得到失敗的主要原因是你自己。

6. 失敗使人更有自省和警覺能力——如果你能夠主動向它學習。

7. 失敗比成功更重要——即使是成功了十次，只要徹底失敗一次，就能把過去的成功付諸流水，做對了十項事情，但只做錯了一次，也會令到你全盤皆落索，所以應要掌握做對之道。

8. 不失敗等於小成功——移走引致失敗的條件，即可達成小的成功，若能再加上成功條件，那就是真正成功了。

9. 失敗主宰你的未來——因為失敗是無處不在，而且會陸續有來，更有可能是在你完全沒有心理準備的情況下到來。

10. 主動失敗比被迫失敗重要——積極失敗、主動失敗、學懂失敗的竅門，才能避免失敗。

11. 不敢面對失敗是人生最大的失敗——積極面對失敗才能夠為持續成功打下堅固的樁柱。

12. 主動選擇失敗總好過讓失敗來選擇你——如果「失敗」是很難逃避的，與其待它登門到訪，走來找你，不如你先主動瞭解它，面對它，仰望失敗，主動迎接失敗，向它學習，從中找出「避免失敗」的成功基因，長久而持續的成功才會伴隨而來。

第七章

天外有天

——還有更大的世界

一個國王請教一位智者：「為甚麼大地不會往下掉落？」

智者答：「因為大地被一頭獅子托着？」

國王再問：「獅子被甚麼托着？」

智者答：「獅子被一頭大象托着。」

國王再追問：「那大象又被甚麼托着？」

智者再答：「大象被一頭海龜托着。」

國王再問：「海龜又被甚麼托着？」

智者答：「海龜就是一切。」

二十世紀一位名為Arthur Koestler的匈牙利文學家創造了一個新字 holons，意思是「同時是整體（whole），但同時也是部分（parts）」，類似另一個英文字 entity，但entity只能表達到「整體」的意思，缺少了當中的「部分」。

*　　*　　*

認識Holons這一字有甚麼特別的意義和啟示呢？因為世界是由無數的整體和部分組成的，整體和部分是緊密連結，互相影響，也互相從屬，環環相扣，像海龜托着大象，大象托着獅子，獅子托着地球，而地球又包含着萬物一樣，它們既是整體，也是整體中的部分，在世界的盡頭還有一個更大的世界在支配着，只看到部分，看不到更大的整體，頭痛醫頭，腳痛醫腳，到頭來不但一事無成，而且只會把事情弄得更糟，引發更不能收拾的惡果。

7.1 特首的煩惱

2008年7月，因為特區政府的施政連番失誤，特首曾蔭權的民望大跌，政府急急推出一連串總數110億元天文數字的紓解民困的措施，其中包括豁免外傭稅兩年，全港有聘用外傭的家庭(主要是中產人士)均受惠。政府派錢，實屬好事，但最終卻令全城憤怒，因為在豁免生效日期之前已與傭工簽新約的僱主感到不公平，於是紛紛提前解約，或者借故辭退傭工，然後再重新聘用，以求享有福利，而傭工更人心惶惶，怨聲載道，引發連鎖反應，不滿之聲如雪球般越滾越大，輿論一面倒指責政府無能，連開倉派錢，本應是皆大歡喜的好事，也弄得一團糟。不用說，曾特首的民望再度下滑，這完全是好心做壞事的示範版本。

* * *

豁免外傭稅看起來簡單，但實際上複雜異常。香港聘用外傭經過二十多年的演變，牽涉到薪酬、保險、機票等等的安排，中間涉及多個不同的政府部門，更關乎外國領事、僱員、僱主、中介公司等等不同的環節，而且環環相扣，互相牽連。未經周詳的考慮和部署輕率地取消外傭稅，就好像一根挑翻蟻窩的竹籤，搖動了整個系統，把所有既定的安排、官僚的如意算盤都完全打亂，系統作出了反彈，再經過傳媒的炒作發酵，加上市民的回響和情緒反應，於是乎，小事情引發出大問題，大問題導致新的災難，本來應該是好的事情反而變成了壞事。

很多人都會問：

「為甚麼好心的人會做出壞事？」

「為甚麼善良的政府會把國家搞得一團糟，弄至民怨沸騰？」

「為甚麼痛惜子女的父母會造成家庭悲劇？」

「為甚麼能幹、勤勞的領導人或者老闆會把國家弄垮、令企業破產收場？」

「為甚麼從表面上看是成就不凡的王國或者企業，可以在一夜之間像倒骨牌一樣垮下來？」

前特首辦公室主任林煥光仍任教育署長時，曾經在報章撰文，認為每一個管理人都應該看看《第五項修煉》(The Fifth Discipline)[7]這本書。因為現代世界瞬息萬變，管理人應要擁有遠大看通全局的視野，這是一本由美國麻省理工學院的彼得·聖吉(Peter Senge)於1995年出版的管理學巨著，書中把

---

7 《第五項修煉》的中文版由台灣的郭進隆翻譯，天下出版社出版。

複雜艱澀的系統理論轉化為較簡單的、普羅大眾容易明白的管理分析方法，可惜，曾閱讀過這本書，跟能否實踐到書中所教授的精髓，完全是兩碼子事。

彼得．聖吉認為，系統的運作是非常微妙的，但是只有當我們把觀察的時空範圍擴大，看得夠深，看得夠廣夠闊時，才能夠辨識它整體運作的奧妙之處。如果不能洞悉它的微妙法則，只是身處其中，隨着系統而行，只會受着它的愚弄而自己也懵然不知[8]。

組織發展有着一套地下運作的規律，好像一雙無形的手，看不見但確又實際存在，這些微妙的規律和現象是：

1. 今日的問題是來自昨天解決問題的方法

• 今天，雖然絕大部分人都知道發泡膠對環境造成不可補救的傷害，但我們依賴發泡膠的程度已經到了無法自拔的地步。原來，曾幾何時，發泡膠曾被譽為是改善人類環境的「恩物」。上世紀60年代以前，由於沒有好的包裝和承載工具，大部農產品由農場運送到城市的途中，已經腐爛掉，造成非常大的浪費。有了發泡膠之後，情況就大為不同了，它輕巧、廉價而且可塑性高，大量減少了地球資源的浪費，被譽為其中一項人類偉大的發明，解決了當時令人煩惱的問題，但卻為後世製造了更大更無法處理的問題。

• 香港回歸之後，特區政府為了要解決居民住屋短缺和樓房價格高企的問題，提出每年建屋最少85,000個單位，造成

---

8 《第五項修煉》，62-63頁。

供應過剩，房地產價格應聲而下，由房地產所帶動的經濟產業一蹶不振，加上金融風暴的襲擊，企業倒閉，造成大量負資產個案，社會信心跌至谷底，演變成為更複雜、更難解決的新問題。

2. 愈用力推，系統的反彈力愈大

• 為了使孩子能夠進入名校就讀，家長不惜進行催谷，請來補習老師加強學科訓練，在課餘時間為孩子報讀各式各樣的興趣班，考取多項獎狀，但到頭來使得孩子吃不消而討厭學習。

• 為了要盡快收到管教的效果，家長使用打罵的方法教導孩子，表面上效果迅速，但卻令孩子更反叛；當家長越增強懲罰，孩子越作出更多消極的對抗行為，這只會造成親子關係更加惡劣。

3. 漸糟糕之前先會漸好

• 為了要解決道路擠塞問題，政府大量填海興建高架公路，短期之內交通會比較順暢，情況看來好轉了，但過了一段時間之後，更多駕駛者會使用該路面，弄至路面更加擠塞，使得政府再要填平其他土地興建更多公路。結果，又吸引更多汽車使用路面，造成惡性循環效應，使問題更糟糕。

• 吃藥減肥會很快收到效果，這樣便會鼓勵用者放心多吃食物和少做運動，結果使身體更依賴藥物，產生更多藥物副作用。當停止使用藥物之後，體重會反彈，會更為肥胖，甚至到了不可控制的地步。

4. 顯而易見的解決方式往往是無效的

• 一直以來，香港地少人多，一般的住宅是很少有露台(陽台)設施的，這使得室內的空氣不會太流通，影響住戶健康。回歸後，特區政府為解決這問題，並且要把香港打造成為環保健康的城市，最顯而易見的方法就是鼓勵發展商在興建新廈時加設露台和工作間，於是修改建設物的限制，鼓勵地產發展商多建露台，方法是增加建築的高度比例限制，即如果有露台的大廈是可以建得更高。可是，到頭來，弄至一排排更高更大的住宅群拔地而起，矗立在鬧市和海旁，造成屏風效應，阻擋城市的陽光和通風，使得空氣更不流通，污染更嚴重，環境更惡劣。

• 為了減低經營成本，最顯而易見的方法是把認為不必要的員工裁掉，短期之內財政狀況是好轉了，產生了現況良好的假象，但現有的員工工作量大增，士氣低落，生產力和工作質素下降，顧客流失，使得經營狀況更壞。

• 用增加零用錢的方法來鼓勵孩子做好的行為，到頭來會使孩子覺得金錢不單得來容易，而且是應得的，因而抵消了鼓勵做好行為的效果。

5. 對策可能比問題更糟

• 有些人用飲酒來消除壓力，結果養成了酗酒的惡習。

• 特區政府為了要解決居住問題，在邊陲地區，如東涌、天水圍等大興土木建造公共房屋，把大量的新移民和低收入、低技術的人士遷入，但由於欠缺配套設施，加上交通阻隔，就業機會很少，居民「被困」在城內，造成種種的社區和家庭問題，很多家庭要依賴政府補助金過活，新社區變成了現代貧民區；同時，下一代可以接受到培育的機會比住在市區的為少，有人擔心可能產生隔代貧窮的情況。

• 父母為年幼的孩子能夠與其他小朋友融洽相處，主動介入協助他們化解衝突，結果孩子無法從生活中學會如何處理衝突。

6. 欲速則不達

• 回歸之後，特區政府為了要提升學生的中文水平，於是大力推行母語教育，在短時間內一刀切地只容許被認許的學校使用英語教學，其他的一律強制性使用母語，結果不單使辦學團體和家長反感，更造就了英語學校成了理所當然的名校，中文學校反而淪為次等，地位不升反跌，更嚴重的是香港新一代的學生中、英語的能力都全面下降。

• 特區政府成立初期，訂立鴻圖大計，要在短時間之內解決居住問題，於是推行計劃，每年要興建八萬五千個居住單位；另為提高市民的知識水平，加快了教育改革的步伐，全力推行母語教育、大學改制、副學士……；又為了要增加施政效能而推出公務員改革……這些多不勝數的政策出台，結果造成社會空前混亂，更甚的是各項政策都只收到反效果，社會發展反而倒退，而且民怨四起。

7. 「因」與「果」在時空上並不是緊密相連的

• 所有事件都不會無緣無故的發生，必定是有一定的「因」而產生一些「果」，但這種因果關係通常是不是直線的或即時可以預見察覺得到，也是不容易預測的。就是這種「非線性」和不按比例的關係，出現了不規則的運動和突變，簡單的事件可能會導致複雜的後果，這亦是著名的「蝴蝶效應」的意義所在，所以：

一顆小雪球有可能引發一場雪崩；
一根火柴可以摧毀整個森林；
一隻蝴蝶拍動翅膀可以引起二千公里外的一場龍捲風。

• 在邱吉爾的回憶錄中，曾經提及過：在1920年，希臘國王被自己養的猴子咬了一口之後出現併發症死了，因為他的死而使得國家情勢不穩定，之後發展成一連串事件，最後導致希臘與土耳其兩個宿敵爆發戰爭。邱吉爾嘆息地認為，被那頭猴子咬死了的不只是一個人，而是25萬人。

8. 歸罪於外 —— 不是我的錯！

• 在歷史上，當統治者面對管治困難和內部矛盾時，總愛向外動武，藉小事向鄰國發動戰爭，把國民的視線轉移到對外，而遮掩內部的錯誤，這種兵行險着的招式很多時都能收到短暫的效果的，因為人總愛把問題歸罪於外，不肯承認是自己的責任，是別人累我，是環境逼人……總之錯不在我！而且當槍口一致對外，可以產生很強的凝聚力，排斥反對者，而把自己化身成為被害者。

• 金融風暴期間，特區首長董建華常常指責有人在國外「唱衰」香港，損害香港的國際形象，導致外國人不願意到香港旅遊和投資；香港市民也常常指責政府或者個別官員失敗無能，引致生活困苦。大家都歸罪於外，不肯真正思考問題的根源是甚麼！歸罪於外是最簡單、直接和舒服的方法，但卻使人迴避了事實的真相。

* * *

我們因應教育制度和成長文化的氛圍，發展出一種熟練的解決問題技巧，就是將問題分解切割，割裂為細小的單位，然後逐步分析。我們總愛從單一的細節觀察問題，以致忘記了原來問題是一個不可分割的整體，像撓毛冷線球一樣，事件與事件之間往往存在着千絲萬縷的關係，如果不明瞭箇中的關係，胡亂行動，只會把絲球越拉越亂，弄得更難以收拾。

好心做懷事的人，可能不會察覺到問題以外還有更大的世界，他們可能就是不認識、甚至從未聽過 Holons 這個字的人。

7.2 還有一個更大的世界

螞蟻會思想嗎？

科學家普遍相信螞蟻的腦袋細如微塵，是不可能有理性的思考能力，更加不可能會有自由意志、自我意識等高層次的能力，科學家更發現，螞蟻甚至沒有任何的學習能力。

螞蟻無法從過去的經驗或者教訓中學習，牠們的記憶力極其有限，無法學會走出複雜的迷宮，牠們的行為活動完全出自大腦系統中早已編寫好的程序，按照本能行事。

當把幾隻螞蟻放在一個沙箱容器內，牠們只是漫無目的無意義地走來走去，當數目增加時，彼此之間互相碰撞交換訊息的行為開始頻繁，而且表現出是屬於一個團體的集體行為。當科學家在沙箱內放置一隻蟻后之後，情況就出現了戲劇性的變化，本來走來走去非常混亂的螞蟻群即時變成了一隊非常專業的超級團隊，牠們有極其嚴密的分工，有的會成為負責建築螞蟻窩的工兵，有的會成為負責防衛的自衞隊，有的負責四出找尋食物和攻擊其他螞蟻，有的負責照顧嬰兒……這個超級團隊有着複雜的社會結構，而且秩序井然，螞蟻兵團的超級耐力和合作精神令人驚訝！

螞蟻窩的建築絕對可以比得上現代的都市，內裏有完善的設計和規劃，有精密的通風系統，有育嬰室、食物倉庫，甚至有囚禁室，俘虜回來的蚜蟲為牠們種植食物。更加使人大惑不解的是，單獨一隻螞蟻的壽命只有幾個月，但一個螞蟻窩的壽命往往會持續10至15年，當蟻窩受到侵襲破壞後，新出生的工蟻會增加，以肩負修築蟻窩的工作，負責攻擊的兵蟻的數目會相對減少，整個社會維持着一種奇妙的平衡。整個蟻窩的管理系統比人類的大企業有過之而無不及。

螞蟻沒有時間的觀念，牠們只憑簡單的本能行事，做的都是當下的事情，不具備學習新事物的能力，究竟是甚麼力量引領牠們建造出這麼複雜奇妙的社會？至今科學家也沒法找出令人完全信服的理據來解釋。

顯然，在螞蟻群之上是一股無形的力量在操控指揮，似乎每一隻單獨的螞蟻的DNA內早已編寫了這個偉大的建築計劃，等待牠們去執行，牠們每一個個體都不知不覺地參與在其中，將眾多渺小的簡單個體組合在一起，成就了這個複雜偉大的社會。在牠們的小世界之上，明顯有一個更大的世界在主宰着牠們的命運。

人類的智慧當然比螞蟻高等得多，但與浩瀚的宇宙相比，人其實如螞蟻般渺小，我們每天營營役役，就好像螞蟻在蟻窩裏進進出出忙個不停，人類自以為比螞蟻優越，但我們的身體內是否已經植入早已編寫好的DNA，注定了我們的行為模式？或者，是否已經有一個比我們更大的力量在影響、在決定我們的行為，甚至是我們的命運？

中國人有一句話：「舉頭三尺有神明」，認為世上總會有更大的力量在監察我們；從現代科學的角度來看，這股更大的力量就是一個更大的系統，這個系統是看不到，摸不着，但卻又實實在在的存在，影響着我們的行為和生活。如果看不到、弄不清這個更大的系統，自以為是自由地活着，原來是處處受到主宰、操控和指揮，這樣的生活又與小螞蟻有何分別呢？

中篇

不用腦思考的人的16個盲點

用腦不等於思考！

在資訊爆炸的社會，對人類身心最大威脅的是一種名為AIDS的思維病毒，這裏所指的並不是愛滋病，而是Advance Intelligence Deficiency Syndrome，我們稱之為「高等智慧缺乏症候群」。最簡單的解釋就是不用腦思考，患者經常用腦，但都只是對外來刺激作條件反射式的「反應」(react)，而不是經過思考的「回應」(response)。

跟愛滋病一樣，「高等智慧缺乏症候群」很多時是以人傳人的方式傳播，而且擴散力驚人，身分地位越高，傳播力就會越快，至今仍沒有一種治療方法可以完全治好它。

但它跟愛滋病有所不同，它更多時候是無須與別人有任何接觸，只是潛在心靈之內也能迅速傳播，左思右想，自圓其說，也可以自成系統，形成牢不可破的心理圍牆，阻止自己接觸外間的世界，或者把接收到的資訊扭曲變形，產生各式各樣的奇怪想法，簡單地說，就是缺乏深層的思維能力。

人作為萬物之靈，是高等智慧的生物，但假若如野獸般只懂得對外間刺激作無意識的反應，這是何等的悲哀？

患者：任何人，不論社會地位、貧富、性別、年齡、智商、種族、學歷

病徵：不思考，反應而非回應，行為愚蠢，自以為是，但自己很難發現

病因：不懂得如何思考

解藥：學習思考

預防：洞悉盲點，提高警覺

為何不思考？在本書的第二、三兩章中我們曾經提過，用腦耗費的能源跟體力運動相若，不作體力勞動，難於生存，然而不作腦力勞動，與生存沒有直接關係，可省則省好了。在原始社會裏，停止思考，單憑直覺反應，我們會活得更有效率和效能。在簡單的社會裏，我們能夠生存，並非靠大腦，而是靠中腦和底腦，簡單點說，就是靠直覺和本能。若光是說生存，不用大腦可能更有效益，而停止思考往往更為優勝。汽車開過來，你是靠本能而閃避；若要想一想，先計算一下被撞倒的機率，那反而會出意外，事事都要靠大腦思維，就凶多吉少。

長期不作體力勞動，肌肉自然萎縮；而腦袋長期不作勞動，大腦也會自然萎縮，屆時想去想也沒法做到，這也是為甚麼這麼多人面對突如其來的困難但怎也想不出有效解決辦法的原因。在資訊社會裏，不思考是有如愛滋病一樣難以救治的世紀絕症。

很多時候，我們都是自我欺騙，多於給別人騙的。這源於我們忽視了很多要素；忽視要素，又源於我們停止思考，停止思考卻會造成盲點，那可能影響你的成就。

在本章，我們要談的是日常生活中的盲點，就是希望大家避免墮入盲點的陷阱。以下是患上「高等智慧缺乏症候群」(AIDS)的16種高危患者，絕大部分患者都會同時呈現出多種的症狀，因為所有病因都是環環相扣、互為影響的。希望你不會是其中一種吧！

盲點 1

以我為主

——成年人的學習障礙

在一個雞尾酒會上，人聲喧囂，氣氛熱鬧，你被各種談話的聲音包圍着，基本上是很難分辨得清楚他們在說甚麼。人們只集中精力於自己參與的話題上，而對其他聲音充耳不聞。突然間，若有人叫你的名字，這聲音就會好像異常尖銳、特別清晰，你會回頭看看是誰在叫喚你。原來，並不是所有資訊都可以順利進入腦袋，大部分都會自動被篩選掉，腦袋只會留意它認為應該留意的東西，心理學家稱這現象為「雞尾酒會效應」。

*　　*　　*

為甚麼腦袋裏需要有這個自動化的篩檢程式呢？人每天都有數以萬計的資訊排山倒海地塞進腦袋裏，大腦是不會任由所有訊息全都直接進入的，它必須要設立一些篩檢過濾程式，這是自我保護的重要機制，不然，腦袋很快便會負荷過量而「當機」(機件失靈)，但是它亦是產生盲點的原因，它會把一些重要的資料篩走，使你視而不見，聽而不聞。

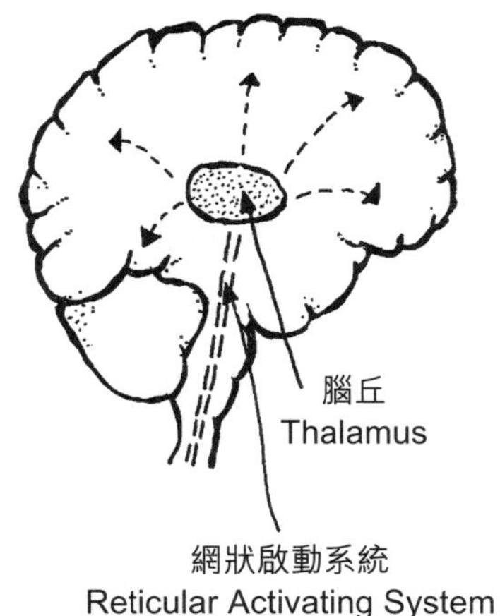

RAS 網狀啟動系統

近年來，教育界非常關注那些過度活躍以及專注力不足的孩子，他們的智力正常，但總是坐立不安，精力充沛，對任何事物都超級好奇，以至不可以專注於學習；有的是另一個極端，他們總是對任何外界的刺激提不起興趣，以至學習緩慢。顯然，這兩種孩子的大腦接收過濾系統出現了問題，他們可能接收得太活躍，或者是接收得太慢、太少。

臨床心理學家發現，在腦幹上端另有一個對知覺和學習有關鍵性影響的設計，名為網狀啟動系統（Reticular Activating System）[9]簡稱RAS，它可以說是大腦吸收資訊的開關掣，扮演着意識的「守閘員」的角色，主要的功能是調節人的警覺和興奮，同時也負責資訊把關的工作，是控制甚麼信號你需要接收處理，甚麼信號你可以忽視不理。

---

9 可瀏覽 www.answers.com/topic/reticular-activating-system。

當一個人在車禍中腦部受傷，RAS系統受到損害，可能會降低其警覺性，甚至陷入昏迷狀態。很多人喜歡飲用咖啡、濃茶等來提神，因為這些飲料含有大量咖啡因等元素，目的就是用來刺激 RAS的系統，使大腦保持在意識的狀態。

RAS會自動過濾一些雜亂無章的刺激，選擇有意義的刺激才讓它進入。如果這個系統發生故障，人就會對外來千千萬萬的資訊刺激無所適從。例如孩子在教室中應該專注聽老師教學，但是RAS有障礙的孩子，會因為失去了應有的調節而對所有資料都產生興趣，稍有些微風吹草動就會使他分心，四周發出的小小聲音也會刺激他跑去看一看，以至無法專注，對於這類過度活躍的孩子，醫生一般會開出刺激性的藥品來控制孩子過動的毛病，主要是增強RAS的功能以發揮過濾外間資訊的作用。

RAS是大腦資訊的守閘員，也是一個自動化的導航系統，當你想購買一部手提電腦時，大腦神經中樞會建立一個「手提電腦」的目錄，它會讓符合這目錄的事物優先進入，你看報紙雜誌或者走過商場店舖時，會格外留意有關手提電腦的資料，你也許會發現原來市面上突然推出了很多新款產品，這是平時你不會留意得到的。以前，因為大腦沒有建立這個目錄，所以日常接觸到這樣的資訊時可能會被過濾了，而沒有留意到。

這個腦內的過濾系統設計，是用來保護你不至於被資訊的海洋所淹沒，但同時又阻撓了其他可能有用的資料進入，以至產生盲點。在正常的情形之下，哪些資訊會相對容易進入呢？

(1) 符合自己的價值觀、信念和規則的——若是自己覺得「重要」的，符合心目中的「真實」的，是自己期望的，以及是「對」的東西，大腦會無任歡迎，否則就會一律被篩走掉。

(2) 目標清晰的——請在兩分鐘之內從以上圖片中找出所有拿手挽袋的人士。

相信這問題不會難倒你吧！因為你有了這個很清晰的目標，你的眼睛會和腦袋配合，會特別留意目標人物，但是，你會同時留意有多少位戴眼鏡的男士嗎？還有多少個短頭髮的女士呢？當目標清晰時，大腦好像一個瞄準器，對準你要搜尋的東西，但不在目標內的事物就會被自動篩走。

(3) 自己期望的——假如你想購買手提電腦，走進商場裏，手提電腦的款式林林總總，多不勝數，但你只會留意符合自己期望的某幾個牌子、型號、外形、功能、價錢等的電腦，那些與你期望相距很遠的，除非有特別誘因，否則訊息同樣不會輸入，而被拒於門外。

(4) 與自己有關的——正如「雞尾酒會效應」，當人家說起你的名字或談到與你有關的話題時，你會格外留意，購買手提電腦時，你也會特別留意那些與你有直接或間接連繫的東西，例如某牌子是你曾經用過，有相關的經驗，另一個牌子是你的朋友推薦過，或者是你的明星偶像做廣告代言人的，又或者是自己喜愛的顏色……這些與你自己有關的資訊都可以優先進入。

(5) 與自己的心智模式相符的——如果你喜歡玩網上遊戲，而那電腦商店正好以電玩佈置作招徠，全店的裝飾令你恍如置身電腦遊戲的場景當中，那麼你會被這店子吸引而入內逛逛。但對於電玩完全沒有興趣的人來說，它可能一點吸引力也沒有。在雞尾酒會上，你也許會特別留意那些與你興趣、價值觀、信念相符的話題，其他的可能已經被你忽略。

(6) 身心健康、精神飽滿狀態下看到的——RAS系統同時也是調節睡眠的器官，在身心俱疲的狀態下，它會作出適當的調解，阻擋更多的資訊，讓身體可以進入安眠的狀態，那就是說，在身心健康不太好、精神狀態差的情況下，你會對身邊的刺激失去興趣，從而忽略這些資訊。

(7) 運動變化的東西——在閒逛商場的時候，你可被流動廣告、眼前走過穿著卡通服裝的人物、閃爍廣告板、忽高忽低、忽大忽小的聲音……等等運動變化的東西所吸引，因為這些「不正常」運作的東西刺激起人類的原始警覺性，使RAS動員起來。

(8) 新奇的事物——專門研究藝術心理與行為主義關係的心理學家Berlyne認為，藝術作品多不勝數，可以引起別人注意的、可以放在畫廊及博物館的只有極少數，它們是有幾個共通點的，包括：(i) 新奇 (novelty)、(ii) 複雜 (complexity)、(iii) 矛盾 (heterogeneity) 和 (iv) 驚奇 (surprise) 等特性，這都是一些集體刺激的變項(collective stimulus reaction)，引發喚醒作用，激起觀者的注視反應[10]。

(9)強烈的刺激——在大型的購物商場內，有數之不盡的店鋪，賣的是差不多的產品，如何能夠脫穎而出，成功吸引你的目光？實在需要絞盡腦汁，用盡方法喚醒行人的RAS，他們可能會以突如其來的一道強光、鮮艷的色彩、奇異的氣味、誇張的價目表等等來引起人們注意。

我們的大腦設置了一個以自我為中心的自動運作的過濾系統，把四周大部分的資訊篩走，使你好像視而不見、聽而不聞，讓它們白白在你身邊流過。換言之，如果那些是不在你的目標之內的、與你的興趣不相干的、與你沒有關係的、你已經感麻木沒有新鮮感的、沒有強烈刺激的東西，而又在你疲累或者身體狀態欠佳時出現，可能會被你完全忽略，形成很多很多的「盲點」。

這也許會解釋得到為甚麼穿梭機挑戰者號，在眾多頂尖專家指揮控制之下，仍然看不到一個小小的O環會引起巨大的災難，可能這裝置實在太細微，而且在日常操作中根本不成甚麼問題，不是新的話題，而且當前的目標是準時發射升空，其他不是目標之內的都變得次要，在種種錯綜複雜、盲點重重的情況之下，災難終於避免不了！

10 劉思量著，《藝術心理學》，2004，台灣：藝術家出版社，頁261。

盲點2

刻板印象

——歧視偏見遮蔽了眼睛

1942年，一位13歲的猶太女童安妮(Anne Frank)為逃避納粹德軍的追捕，一家八口躲藏在阿姆斯特丹一個閣樓的密室內，為了打發苦悶而黑暗的日子，安妮不停地寫日記，直到1944年8月，他們被告發而送到集中營去。在1945年戰爭勝利前一個月，安妮病死在集中營內，這一家八口只有父親一人可以生存。在父親努力奔走之下，《安妮的日記》(The Diary of a Young Girl) 終於在1950年出版，瞬即震動全球讀者的心靈，成為不朽的巨著，安妮的文字充滿熱情、機靈和頑強的鬥志，描述了在苦難歲月中的人性光輝。

安妮一家本應該可以免於一死的，他們和數以萬計的歐洲猶太人一樣，在德軍入侵之前申請移民美國，但卻遭到拒絕，有些猶太人在戰時即使千辛萬苦逃到美國，也遭到遣返，送回死神的懷抱。美國人為甚麼如此冷血無情，見死不救？

原來美國早在1924年已經訂立了名為「原生國籍法」(National Origins Acts) 的移民法例，嚴格限制外國人移居，當時的美國政府認為超過80%的猶太人、東歐人和亞洲人都是智商低劣的白痴，應該要加以管制，嚴禁入境，以免影響國民質素。

當時的美國政府認為這法例完全沒有任何偏見或者種族歧視的成分，猶太人比較低劣是鐵一般的事實，因為這些觀點都是經過科學鑑證的，美國移民局甚至聘請了心理專家對各國移民進行全面的智力測驗，得到的結果是八成以上的猶太人和東歐人的心智年齡不足12歲（這些智力測試主要是針對語言能力，對不懂英語的外國人而言，得分低是理所當然的）。為了防止這些智商低的種族繁殖得太多，有些州甚至立法強迫「低智商」的人進行結紮手術。這惡名昭彰的移民法直到1968年才作修正。

* * *

在現今社會，歧視偏見依然無處不在，你會否有以下的想法？

- 日本人一定喜愛吃魚生；
- 女孩子愛玩洋娃娃，男孩子會玩手槍、機械人；
- 日本女子溫柔，日本男人是大男人、會打老婆；
- 長得魁梧、紋身、臉孔嚇人且穿著黑西裝的壯漢是黑社會人物；
- 天水圍的居民都是窮人，孩子多是在單親家庭中成長；
- 內地新移民來港是為了拿綜援；
- 喜愛動畫和漫畫的男人是孩子氣，長不大；
- 同性戀者容易患上愛滋病；

- 民主派的議員是激進派，鼓吹福利主義；
- 內地自由行遊客喜歡隨地吐啖；
- 中東人多是恐怖分子；

……

當遇上某類人時，心裏會泛起某些印象，我們是很容易對某特定類型的人、事或物，有一種先入為主的、概括性的想法、結論和標籤，無視他們之間的個別差異，並以此作為評價的標準，在社會心理學裏，這稱之為「刻板印象」(Stereotypes)。

「刻板印象」是對社會人群的一種過於簡單化的分類方式，它多與事實不符，甚至有的是錯誤的，但它也是最簡單和不費時的歸納方法。世界太複雜了，如果要對每事都很仔細地瞭解，才下結論，實在吃不消，因此我們是不會對所有事都作細微準確的分析，「刻板印象」是比較簡單概括的，使生活可以過得簡易一些。

我們的大腦充滿着各式各樣的「刻板印象」，它們是儲存在腦袋裏面的檔案系統(filing systems)。當遇到相關、相似的資訊時，大腦的過濾網便會自動開啟，把這些資訊儲存在特定的檔案之內；當有需要時，便會從這些檔案中抽取資料作回應。所以當腦內的「悲情天水圍」檔案開啟時，附帶的標籤，包括貧困、單親、家庭暴力……就會隨之而來。

「刻板印象」往往是以已扭曲了的事實為依據，只憑一時道聽塗説而形成的，所以容易產生偏差，造成先入為主的成見，印象一旦形成便很難改變。更弔詭的是，正如當年的美國移民局的官員一樣，一旦形成猶太人是比較差劣的「刻板印象」時，他們便會千方百計地自圓其說，證明自己的觀點是「對」的，合乎科學化原則的，甚至不惜聘請所謂專家來印證自己的立論，這樣就進一步扭曲了真相，更加阻礙了對事物的理解。

「刻板印象」、歧視、偏見是特製的超級墨鏡，遮蔽眼睛，產生盲點。

盲點3

依章行事

——既有方法是最安全的

1986年4月26日凌晨1點23分，烏克蘭北部的切爾諾貝爾核電廠發生一連串爆炸，外洩的輻射涵蓋大部分歐洲。一連幾天，蘇聯政府拒絕對民眾和國際社會承認意外，即使意外地點緊鄰大城市基輔，以及提供當地主要水源的聶伯河。官方直到停止封鎖消息後，才把居住在受影響最嚴重的十三萬五千人撤離。切爾諾貝爾核電廠災難所引發出的惡果至今仍難以點算。由於這次意外，世界各國都為是否應使用核能發電而爭論不休。

*　　*　　*

核電廠安全嗎？如果單從管理角度來分析，核電廠比其他傳統的方法設計更為精密和先進，計算更加仔細精確，有一套嚴格的管理和監控系統，有詳細的管理手冊作為對操作員的指引，基本上是較其他的發電方式安全，但卻為何仍然是意外頻生？

切爾諾貝爾意外絕對只是核電事故的冰山一角，可能只有那些較嚴重的才會被報道而為世人所知，絕大部分都已經在內部處理，沒釀成足以轟動世界的事故。為何有嚴密管理系統的發電廠會不斷發生意外？也許要查查核電廠的營運手冊。切爾諾貝爾的調查研究發現，這並不是故意破壞或者恐怖襲擊，操作人員是已經全面依照營運手冊所訂定的程序行事，也非人為錯誤所造成，這絕對是一場意外。

是操作手冊出了問題嗎？操作手冊是經過專家按實際操作要求而精心計算出來的，依章行事，問題又出在哪裏？首先，手冊寫的時候所想像到的問題和現實情況可能有分別，但最大的問題可能是，操作人員會覺得只要依照手冊行事就足夠了，沒有再自行思考該怎樣面對那沒有寫出來的突發問題，這並不是手冊的設計導致意外，而是人們依章行事、不思考導致意外。

ISO病態

80年代，管理學出現了全面品質管理(Total Quality Management)的熱潮，簡單來說是對產品和服務的一套監控和管理方法，包括訂立標準、對照產品、服務以及標準之符合程度、不斷改善和檢視補救行動等。在這管理思潮下，又引發出各式各樣的如ISO、六標準差……等等的管理認證制度。操作人員要嚴格遵守標準和操作手冊行事，在工業型社會裏，這是無可厚非，甚至是必須的管理方法，但在今天的資訊世界，卻又引出所謂的ISO病態。

依據規條行事並不等於思考，這只是跟着一套標準來比較，若不符合標準，便是錯，便是有問題。但這些標準規條是從何而來呢？其實是按過去知道的和經驗而設定出來。以前有一套這樣的標準，現在如果有分別，那就是錯，可是，如果標準是源自過去，便該想想那標準仍否合用呢？

這種思維方式其實就好像工廠裏品質管理的流程，在生產線上，凡合乎標準的，就讓它過關；不合標準的，就放在一邊。若我們的社會仍停留在傳統的生產型經濟，以QC來思考問題還是可以的。日本人在八十年代也是用QC的思維模式，取得空前成功。這套是適用於工廠的。但如果大家在日常生活中也是用QC式思考，便有問題。要記住，QC永遠不會製造出優秀產品，那只是把不好的東西撿出來。若只一味跟過去的標準做比較，這也是停止思考。你可問問自己是否屬於QC型？

很多人有這種病態，即使你的公司沒有甚麼ISO之類的認證，也可能有這種病態。因為人們認為，只要全面依照營運手冊行事，就不會是我的錯，如果萬一出了甚麼事故，我也不用背黑鍋；反之，若沒有完全跟隨手冊，即使自己出了很多力，卻也可能要背黑鍋。

用規條代替腦袋

香港回歸之後，市民對政府的要求提高了，對政府及公營機構的責罵、投訴、嘲弄無日無之，市民怨氣日重，動輒追究，於是社會上出現了不少令人摸不着頭腦的規條章程和告示板，例如公園內不准唱歌、不准跳舞、不准攀爬、不准放狗、沙灘上不准玩滑板等等，原本應該在這些地方上進行的活動，都統統不准，以為這樣就不會出現意外，也就沒有針對自己的投訴吧！這就好像在洗手間內擺放「小心地滑」的警告版，意思就是我已經掛了告示警告，你不慎跌倒了是你自己活該，責不在我！於是大家都一味製造更多的規條章則，劃清界線，緊緊的跟隨手冊和既定程序做事，而不去思考其他可能的或更好的方法，久而久之，這些規條、章則、手冊就變成做事的金科玉律，取代了腦袋，因為這是「聖牛」一般不能侵犯，也是唯一的工作指引，總之就是一切依章行事，不用思考。

人生在世，倒是應該沒有甚麼營運手冊吧！但也有很多人仍然堅持依既有方法做事，因為既然以往都是這樣做，便繼續吧，雖然沒有明文寫於手冊，但結果就是停止思考。由於停止思考，即使已經泥足深陷也不自知。

生活往往就是這樣的，充滿了無數規條，規定你一定要這樣或那樣，或一定不要這樣或那樣，否則就是不合格，就是錯，被無情剔出「生產線」之外。但究其實，可能都是出自一些已過時的、已曲解了的或者甚至是毫無意義的規則和傳統。更可怕的是，一旦不思考，思考機器就會開始退化。基本上，當我們在進化成為現代人後，思考能力可能已經過了頂峰，現正開始退化。而依賴既有方法和各式各樣的規條，只會無形地支配了我們的生活，取代了我們的腦袋。

盲點4

抄襲模仿
——依樣畫葫蘆

1931年，美國印第安納大學心理學家 Winthrop Kellogg 做了一個至今仍為人津津樂道的實驗。Kellogg想知道如果黑猩猩像人類一樣受過有系統的教育，在文明世界長大，和人類一起生活，是否可以把牠培養成為文明、開化的黑猩猩？

Kellogg和太太收養了一頭七個月大的黑猩猩女，改名為「阿瓜」(Gua)，當時他們家中已有一個九個月大的兒子當奴(Donald)，阿瓜和這家人一起生活，與當奴共同成長，情同兄妹。他們的待遇完全一樣，穿一樣的衣服，吃同樣的食物，阿瓜要學習穿衣服鞋子，大小便要上廁所。Kellogg仔細觀察、記錄牠的行為和進展，並與Donald比較。很明顯，阿瓜學習比較快，比較會聽指令，甚至比Donald 更有感情，社交能力明顯較好，可是，阿瓜在學習人類語言方面就真的沒有甚麼天分，但總的來說，學習進度是令人滿意的。相反，當奴的進度是相對慢，Kellogg解釋這是因為人類的成長期要較其他動物要長有關。

但實驗進行了只有九個月，Kellogg就決定腰斬整個計劃。開始的時候， Donald跟一般小孩沒甚麼分別，但漸漸發現他的行為有異常，他樂於成為阿瓜的「跟班」，聽命於阿瓜的領導，跟牠一樣跑來跑去，高聲叫囂，肚子餓時，他會發出猩猩的「咕咕」聲；當大部分同齡孩子已經開始說話時，Donald除了懂得叫「Gua」之外，一個英文單音字都不懂；當Kellogg下班回家時，衝出大門迎接的是一頭四腳跑動的猩猩女阿瓜，和另一個四腳跑動的兒子Donald仔。實驗被迫終止，阿瓜被送回動物園去。

*　　*　　*

很明顯，被同化的是當奴，而不是阿瓜，是人類模仿猩猩多於猩猩向人類學習。Kellogg總結了整個計劃，認為抄襲模仿是人類獨有的特質，其他動物，即使聰明如黑猩猩，都是依賴本能來學習和發展，只有人類才會從周邊環境中模仿學習，這樣會令人類的智力變得更靈活、更有彈性，也是令人類的智慧超越其他動物的主要原因。

但危險的是，原來人類的抄襲和模仿能力是遠遠超乎想像的，抄襲模仿所發揮的影響力可以大過本能，甚至可以使發展的本能停止，要向上演進，還是向下退化，取決於模仿學習的對象是誰，以及是否適得其法，原來環境對兒童心智發展是有決定性的影響，這是絕對不可以忽略的。

中國有一句話：「近朱者赤，近墨者黑」，英語也有："Monkey see, monkey do."這老生常談的智慧，經過現代心理學的驗證，原來是千真萬確的。

抄襲是注定失敗

抄襲就是別人怎樣做，你只是活剝生吞的照樣子再做。世界大部分發展中的地區，包括昔日的日本、香港、台灣和今日的中國大陸，都是主要依賴產品加工，而且大部分都是抄襲、模仿或者改良別人的而成為自家的品牌。在昔日世界，這模式可能是行得通的，因為那個時候的節奏較慢，可以慢慢模仿，以後還有很多時間以此去賺錢。但今天絕對不只是一年風水輪流轉，而是幾個月、甚至幾日都已經風水輪流轉了，變化這樣迅速，不可能再用同一種方法，先去觀察，然後仿效，到其時可能已經不再流行了。

在商場上，因抄襲而失敗的例子俯拾皆是，君不見有人成功開了某種店，其他人就爭相在旁開同樣的店，造成僧多粥少的惡性競爭，結果當然只有倒閉收場。為甚麼會這樣做？因為這樣做不用動腦筋，人家這樣做成功，你便照抄過來就行了。

抄襲是最省力、省時、省精神的方法，所以還是很多人仍甘心在做着複製貓(copycat)的工作。但只會抄襲不去創新，是絕不會有好日子過的。在筆者讀大學的年代，因為資訊落後，學生寫論文時抄襲別人的功課是相對容易蒙混過關的，但現在可不行了，所有資料都已被掃描進資料庫，電腦甚至可說出兩篇論文有多少成相似。資訊這麼發達，真的是「若要人不知，除非己莫為」。不要說做生意，無論做甚麼事情，抄襲都是不可能達到成功的。試問，你又怎會做得比第一個更好呢？只顧抄襲模仿，不作獨立思考和創新，到頭來會被巨浪淘汰。當你一心想去抄襲的時候，腦裏就已經停止了思考，這是盲點的來源。

理解因果，不抄襲成果

如果不抄襲，那麼模仿、參考又如何？

近年來，平等機會委員會和香港旅遊發展局的高層要員屢屢外訪，去參考別國的旅遊點子，去觀摩別人的做法，但又有多少功效？不用說，又是給傳媒炮轟浪費公帑了，更被質疑單靠外訪、觀摩、仿效他人，是否就是振興事業的良方妙計。在變化急速的今天，很多時候當你開始仿效他人之時，那件產品或者那種服務可能已經過了時不再管用了。

怎樣才可以避免抄襲模仿，重新用腦呢？

我們的意見是，在參考別人成功的例子時，是在研究對方成功的「原因」，而不是抄襲其「成果」。你要細心觀察、深入研究，發現別人為甚麼會成功，為甚麼會失敗？那個「因」就絕對有參考價值了，可惜大部分人只會抄襲別人的「果」。理解了背後的「因」，就是想通了人家的做法，明白了當中的智慧是甚麼，然後領悟有甚麼是我們應該要學習的，融會貫通後，再把「因」和「果」整理組合，成為自己的參照。

如果沒有研究那個「因」，沒有想通箇中的玄機，不了解來龍去脈和各因素之間的關係，而只是不停抄別人的「果」，依樣畫葫蘆，瞎了眼睛不去思考，是注定會失敗的。

別人的眼鏡無論多準確清楚，都是絕對不適合你配戴的！

盲點 5

習慣成自然
——難以戒掉的重複行為

「為甚麼電腦和打字機的鍵盤上的字母是不規則地排列的呢？」

相信絕大部分朋友的答案都是：「因為這是按字母的常用性和手指的靈活性而特別設計的，其目的是要使打字的速度『快』一些。」但其實，真正的答案剛剛相反，這設計的目的是要刻意使打字的速度減「慢」。

因為最早期的打字機是純機械操作的，若打得太快，鍵盤的字元便會「卡」死並纏在一起，無法運作，於是打字機的發明者拉森．蘇爾斯 (Latham Sholes) 故意把字母鍵盤搞亂，使操作者的打字速度減慢。但聰明的現代人已經不知不覺的，完全習慣了這種排列方式，連電腦鍵盤的排列也和打字機一樣，即使電腦已和傳統的打字機完全不可同日而語，但已成為了習慣，不能更改了。

*　　*　　*

「為甚麼全球接近110個國家仍然實行夏令時間，它有甚麼好處？」

年紀稍長的朋友相信對「夏令時間」不會陌生，每逢夏季時間便要把時鐘調校早一個小時，雖然香港早在1980年已經取消了夏令時間，但全世界仍然有110個國家(包括美國、加拿大和歐盟等)採用。夏令時間這概念是在1784年由美國的富蘭克林所提倡，他有見夏天時日照時間長，太陽很早便升起，如果將時間提前一小時，可以使人早起早睡，減少照明量，以充分利用光照資源，從而節約照明用電，他計算過，這樣每年便可以節約6,400萬支蠟燭。1907年，英國的威廉·維萊特(William Willett)正式向國會提出立法，但不成功，及後在第一次世界大戰時在德國正式推行，其他國家也相繼仿效。

推行夏令時間的目的是為了好好利用日光，以節省蠟燭，但時至今天，人們不單不用蠟燭，而且更由於生活時間長了，所耗費的能源更加多，夏令時間由原本的節約能源變成了更加浪費，它似乎已經失去了意義。有國家提出立法廢除，但屢次都失敗，由於人們已經習慣了，即使是沒有意義，但若要改變，實在絕不容易。

河流是如何形成的？

甚麼是習慣？習慣是一些日常生活中隨意的、連續的、不察覺的就做了的行為，小如「搖腳」、「口頭禪」、賴牀，中如拖延、遲到、行業規矩，大如國家法律，風俗行為等。

從行為心理學的角度，習慣是一種「條件反射」的結果，是無須用腦思考便自動產生的行為。在心理學的制約實驗中，當餵飼狗隻時搖鈴，隔一段時間後，狗隻只要聽到鈴聲便自動流口水；訓練老鼠時，老鼠在籠子裏偶然間作出了壓桿子的動作，水便流出來，使牠得以飲水，慢慢地，老鼠學會了壓着桿便會有水出來飲用的行為。當形成習慣之後，就會出現條件反射式的，不需要再用腦袋就會自動作出反應，而且要修改習慣實在相當困難。

河流山川是如何形成的呢？在一個由沙粒組成的平滑的人造山坡地，把水從上灌溉而下，水自由地從山頂向下流，在光滑的沙地表面開始流出多條分叉向下擴散的河道；再灌下水源，新的水流繼續往下流動，在主要的水道中多開了幾條支路，有的水道會較粗大，有的較幼小，水繼續下，這時水流已集中在較大的路往下流，大的河道收集更多雨水，形成溝渠變得越來越深；漸漸的，大部分的水向一個方向奔瀉，大河道變成了唯一的主流，以後每次有水流下來時，都只從這裏流下。當深溝成為主流之後，水再也不會流經其他區域。人的思想和行為形成過程其實也是差不多的，當形成了主要思路習慣之後，其他分叉的思路就會消失，主要思路便變成了日後的思考模式。重複的行動會構成習慣，習慣會在不知不覺間成為了性格，性格會決定命運。

習慣難以改變

習慣可能使生活變得簡單一些，如果每天早上你要花很多時間思考穿甚麼衣服上班，用甚麼交通工具上班， 回到公司後坐甚麼位置，被指派做甚麼工作，生活就會變得舉步為艱，習慣使我們無須再為這些瑣事而煩惱，也無須再花時間去思考。正由於這個原因，習慣同樣會使人的目光狹窄，只需要複製同樣的行為模式便可，無需要再思考，漸漸生活會變得盲目和麻木。

如果你擁有一種行為特性是會導致你成功的，只要持續去做，變成了習慣，那麼你就會連續的、不辛苦的、不察覺的便踏上成功的路徑。好的習慣會幫助我們把生活變得簡單，但是如果讓壞的習慣處於支配的地位，你就會在不知不覺的情況下過着失敗的人生，它會把你的一切都毀掉，而且想要脫離這失敗的路徑會是困難重重的。

盲點6

服從權威
——俯首聽命，不懂說「不」

善良的人為何會成為屠夫？

如果你在街上被一位學生截停進行問卷調查，問題是：「你會不會親手把一位與你無仇無怨而且手無寸鐵的人活活電死？」

相信所有心智正常的人都會說：「不會！」、「荒謬！」、「為甚麼要無故殺人？」

是真的不會嗎？如果正常人是真的不會無故殘害別人的話，那為甚麼歷史上出現過無數次慘無人道的大規模屠殺無辜平民的事件，而且從未停止過？

如果說這全是發動戰爭者的責任，屠殺的策劃者都是狂徒罪犯，一切都是他們指使的，那麼，執行屠殺手無寸鐵平民百姓的只是普通的士兵，他們脫去軍服之後是和你和我沒有多大分別的普通人，他們又為甚麼會做出如此喪盡天良的行為？

英國歷史學家布朗寧(Christopher Browning)對這個問題充滿好奇，他把納粹德國屠殺罪證作詳細的考據分析，把細節逐一還原，歷史的真相是血迹斑斑但卻甚具啟發性，其中一個名為「101後備警察大隊」最惡名昭彰，其故事最為震撼。

*　　*　　*

「第101警察大隊」(Order Police 101) 是二次大戰時期納粹德國駐守波蘭的一支後備警察，約有500多人，由33至58歲的中年人組成，他們全都是志願參與的平民百姓，負責市內日常的治安工作，他們多數受過良好教育，有正當職業和家庭，他們沒有受過正規軍事訓練，也缺乏在沙場殺敵的經驗，只有極少數是納粹黨員。

他們其中一項任務，是把猶太人送上開往集中營的火車，如果人太多火車沒有位置的話，多餘的人就被就地正法，據估計單在1942到1943年一年之間，101大隊最少把四萬五千名猶太人抓起來送到集中營去，被他們直接殺掉的有多達三萬八千人，當中絕大部分是兒童、婦女和老人。更不可思議的是，在行動之前，隊長曾向隊員說，如果任何人覺得無法執行任務的話，可以選擇退出，事實證明，如果真正退出的話，也不會有甚麼不好的後果，但最終只有百分之十左右的隊員中途退出，部分退出者不是由於道德原因，而是害怕不能一槍轟掉對方而使血液腦漿弄污自己的衣服，不少隊員更是搶着要執行殺人的任務；顯然，他們的行為都是出於自願的。

是甚麼原因使善良的平民百姓變成冷血的殺人兇手？

*　　*　　*

1963年，耶魯大學心理學家米爾格林 (Stanley Milgram) 進行了一個非常經典的、也可以說是惡名昭彰的實驗，名為權力服從研究 (Obedience to Authority Study)，實驗的目的，是為了測試人在遭遇權威者下達違背良心的命令時，到底有多大的膽量去抗拒。

「電」醒了整個世界

米爾格林以耶魯大學的名義在報紙上刊登廣告，招募志願參與者進行協助一項有關記憶力和學習的研究，第一次實驗共招募了40位志願者，他們被告知要擔任「老師」的角色，實驗的地點是在耶魯大學的一間地下室，有兩個以牆壁隔開的房間，他們坐在其中一個裝有電擊控制器的房間，他們的「學生」在另一個房間，這名「學生」被綁在電椅上，雙手接上電殛並塗上導電膏，「老師」和「學生」都不能看到對方，但能隔着牆壁可以聽到對方的聲音。

實驗開始，耶魯大學的教授會向「學生」提出一些學業上的問題，「老師」手上有一張答案紙，如果學生答錯了，「老師」須按動電擊控制器給予「學生」一次電殛，電殛由45伏特開始，每逢作答錯誤，電擊的伏特也會隨之提升。

當然，那些「學生」事實上是由實驗人員假冒的，電殛也是假的，但「學生」都是戲路十足，每次遭電擊時都會發出淒慘的叫聲，當電殛升級，叫聲就更為淒慘；當伏特數提升到一定程度後，「學生」開始淒厲慘叫、敲打牆壁，表現得極度痛苦；當伏特數繼續提升一定程度後，「學生」哀求停止，如果「老師」有猶豫的話，主持的教授會說：**「實驗必須繼續！」「你沒有選擇，必須繼續！」**電殛伏特會繼續增強，到了300伏特之後，「學生」將會突然停止作答，裝作沒有反應，好像死了一樣。

實驗的結果令人驚訝，絕大部分的「老師」在到達135伏特時都會猶豫，因為在正常情況下，100伏特已經可以致命，但當教授指令要繼續，並表示他們無須承擔任何責任之後，90%都會繼續電殛至300伏特，直到對方毫無反應為止。

米爾格林更把實驗加上不同的變化，如果教授是身穿白袍狀似科學家的，65%的「老師」會服從地施加高達450伏特的電殛，即使對方一早已經完全沒有反應。但是，如果實驗的施予者只是一位「野雞」大學（不知名大學）的研究員，甚至是一些名不經傳的研究團體，「老師」會很早便不願參與停止電擊，收不到預計的效果。

米爾格林的實驗體現了如何令一個普通的市民在權威的指示之下，願意在另一個人身上加諸痛苦，甚至可以置諸死地而不會反抗。在特定設計的環境情況之下，人的行為會被權威所淩駕，不由自主地服從指示。

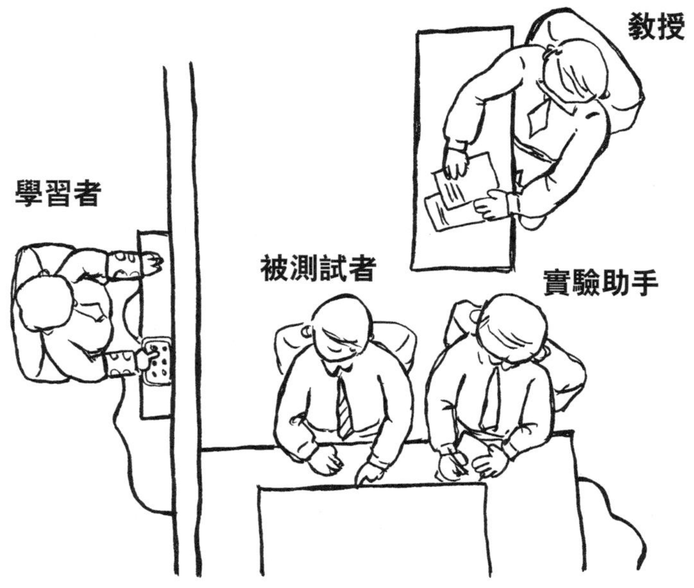

這個實驗「電」醒了全世界，原來我們的文明、教養、甚至道德是那麼不堪一擊的。米爾格林認為人類的思想其實是很容易被權威所淩駕的，我們都是潛意識地被權威所征服，去做違反自己意願、甚至良知的行為。我們會如此做，原因是：

1. 我們從小就被灌輸要服從命令，尤其命令是來自父母、長輩、老師等代表着權威的人物。

2. 人們總是希望自己被別人喜歡，遵從別人的指示行事是一種贏取別人歡心的有效策略。

3. 人們傾向於仿效別人做的事，或者依照別人的要求和指引來做事，這樣可以使自己被社群接納和認同。

4. 人們在模糊的情況下，會傾向相信其他人並依循指示，尤其這是來自專家或者可靠消息來源的人。

據統計，百分之二十的空難是因為副機長即使發現機長犯了錯也不敢挺身直斥其非所致[11]。在權威之下，受過專業訓練的機師也連其他乘客和自己的生命都不顧，不敢對上司「哼」一聲。請想一想，如果你的老闆做了一些錯誤的、愚蠢的、甚至是不道德的、欺詐的行為，你敢挺身而出挑戰他/她的權威嗎？

在今天所謂的文明世界裏，集體屠殺和種族清洗的暴行從未停止過；獨裁者、政客和戰爭販子從未停止過利用權威去鼓動族群仇恨和侵略暴行；甚至，商人也從未停止過利用

---

11 Tarnow, E. "Obedience to Authority: Current Perspectives on the Milgram Paradigm." Thomas Blass - editor. Lawrence Erlbaum Associates. Place of Publication: Mahwah, NJ. 2000. p.111.

人類服從權力的心理，他們用種種訴諸權威的謬誤，以水銀瀉地、無孔不入的手法來推銷商品，目的是使人們停止思考，然後乖乖掏出銀包……。

在權威面前，大多數人都是瞎了眼睛，不單看不到外在的世界，更看不到自己的良知！

盲點 7

人云亦云
——跟隨大隊走

如果連市井師奶也排隊買入股票，你得要把手上的股票盡快沽掉。

——股票市場的流行說法

企鵝法則

在南極的企鵝一排排的列隊在海邊的岩層，準備出海覓食，但全都動也不動的在等待，等待甚麼？牠們知道冰層下面除了有美味的魚獲之外，亦可能有殺人鯨之類的敵人在虎視眈眈，貿然下海是非常危險的，於是牠們每天都在等待，等待直到某一隻企鵝耐不住先跳下去，跟着奇妙的事就發生了，當第一隻企鵝跳下海之後，其他的也紛紛跟隨跳下，甚至推撞前面的企鵝，好讓自己可以快些下水，即使仍然無法確定水底是安全的。

這是管理學上有名的「企鵝法則」，人會觀察其他人的行為作為決策的重要準則，當有人在市場上搶先行動之後，其他人就會爭先恐後的跟隨，經過一輪交叉互動之後，變成了一窩蜂的羊群效應，人們再不會研究這決定是否正確，也不會仔細計算成敗風險，一個不小心，可能會慘淡收場，成了殺人鯨的美味點心。

*　　*　　*

第二次大戰日軍的主要戰艦「大和號」，被譽為是不會沉沒的戰艦，是駐守在中國東海附近的主力艦艇，也是當時全球最大的戰艦，全長315米，船上有二千多名士兵。但它在1945年4月7日被炸沉，美軍共派出了386架戰機進行地氈式轟炸，用了一個半小時來把它炸沉，艦上共2,200名士兵戰死，生還的僅有276人，為何生還者那麼少？

其中一位生還的士兵光島清正先生憶述當年的情況。當時大家棄船，很多人掉進海中，有船上掉下的榻榻米飄浮過來，士兵便瘋狂地抓住，一有人抓住，其他人又會爭相游過來抓，結果榻榻米沉了，那些人便又再游向其他已有人抓住的榻榻米，榻榻米又乘不着，有更多人就此沉入海中。不只如此，因他們都圍着榻榻米，便成為美軍掃射的大好目標，結果全體被擊斃。很殘忍吧！當然，戰爭就是如此。但為何光島先生死不了？因為他不去抓榻榻米，改而抓着體積較小的浮木，反而得以生存。

很多人做事都是人云亦云，跟從別人的做法，別人抓榻榻米，他又去抓，結果一起送死。

你一定會認為這些跟風的行為，都只是一般販夫走卒、市井師奶之流才會有，你也許會恥笑他們知識有限，在資訊不足的情況之下盲目行動，而你跟他們是不一樣的，因為你比他們掌握更多資訊，比他們更冷靜，更會獨立思考……相信不會出錯吧！

*　　*　　*

不要小覷這種跟風的力量，在群體壓力之下，聰明的人同樣會做出種種愚蠢的跟風決定。上世紀50年代，美國心理學家所羅門．阿殊（Solomon Asch）進行了一個相當經典的實驗。他邀請了一批志願者到大學實驗室進行一項有關人類知覺行為的研究。

志願者被安排坐在一張有七至九個人的桌子旁，阿殊讓他們看一張卡片，卡片上有一條直線，之後再看第二張卡片，卡片上有三條不同長度的直線，其中有一條很明顯的是和第一張卡片上的直線長度相同，而這群人被要求輪流回答第二張卡片上哪一條直線的長度是和第一張卡片的長度相

等，這個答案是很明顯吧，應該是B吧！但當其他人的答案全都是C，實驗的結果卻令人震驚。在單獨測試時，所有人都答對，但在群體測試時，有超過三分之一的志願者會放棄自己認為是對的答案，遵從其他人的不正確答案。當然，其他人都是串通的，他們都是阿殊的助手，只有這位志願者是真正的被測試者。

這實驗的目的，是測試人在群體壓力之下的決策行為，但結果卻連阿殊都覺得出乎意料。人們跟着大隊走的傾向是比想像中強烈，很多時候，如果不知道應該如何決定時，最好的辦法是跟着大隊走。這樣，至少不會被人說你是標奇立異。即使你錯了，至少還有其他人陪你一起犯錯。中國人所謂「槍打出頭鳥」，走得太前太出位是很危險的。當你成功時，別人會妒忌你；當你失敗時，又會一沉百踩，顯得你是愚不可及，所以覺得跟着大隊走是最安全了！

阿殊的實驗指出了聰明善良的年青人是可以很容易就被影響到是非不分，把白說成了黑，原來人的所謂自由意志，其實是很脆弱的，對於獨裁者或擁有大量媒體資訊的人士來說，要混淆視聽，指鹿為馬，要影響甚至控制別人的思想可能並不是一件太困難的事。

寧買當頭起，莫買當頭跌

香港人常常有一種「寧買當頭起，莫買當頭跌」的心態，恐怕遲了加入便會招致損失。買股票、炒賣樓宇如是，連日常的生活也是。最經典的可說是回歸前，某漢堡包專賣店推出吃漢堡包換取卡通狗公仔贈品，一套50多個不同款式，為儲齊全套，市民每日都爭相排隊搶購漢堡包，不管自己喜歡與否，甚至浪費大量食物。另外，數年前，葡式蛋撻興起，於是葡撻專賣店如雨後春筍般開到成行成市，但好景不常，當葡撻的熱潮過去，專賣店也相繼關門大吉。

這種一窩蜂排隊的行為已經成為了香港人日常生活的一部分，跟着大隊走是最簡單、也無須要用腦思考的決策模式。但更有趣的是，人總會找到特別的理由為自己解說，來證明自己跟風也是經過深思熟慮的。

過去數年，香港的出生率急遽下降，很多人都不願生孩子，常掛在嘴邊的理由是經濟不好，害怕被老闆解僱，甚至更認為孩子生在這個時勢是受苦的多，不生育是一種對下一代負責任的行為。但幾年過後，出生率又明顯回升，雖然整體經濟是好轉了，但很多願意生孩子的家庭的經濟狀況其實未見有真正改善，他們的就業保障也不是更穩健，如果按他們先前的理由，應該繼續不想生孩子才是！究竟生孩子的意願是由於同儕壓力，是一窩蜂的行為，還是取決於自由意志？這是值得社會學家深入研究的課題。

金融海嘯突然以來，不少人損失慘重，人們在痛罵政府、怨天怨人的同時，可否想一想，在當初決定投資的時候，是經過深思熟慮，還是只是「寧買當頭起，莫買當頭跌」的心態作祟？

盲點 8

過分自信

——自己永遠是對的

每當香港受到颱風吹襲，八號風球高懸的時候，市民都紛紛回家避風，但是在風高浪急之下，總會有一群高齡的晨運客風雨不改的跳進水中，電視台記者冒險追訪，他們總會說：「幾十年如一日的出海游泳，我們經驗老到、泳術精湛，是不會有意外的。」颱風季節更是不少滑浪發燒友夢寐以求的日子，他們不顧安危，急不及待到海灘衝浪，他們也會說：「我們經驗老到、技術精湛，是不會有意外的。」更有不少市民往海邊去，觀賞美麗的海浪，感受風暴帶來的浪漫，他們有信心自己是不會出事的。但每一次颱風來襲，總會有逐浪者被海浪捲走的悲劇。悲劇的主人翁不管背景如何，不管技術是否精湛，都總有一個共通點，就是：「自信心滿瀉。」

*　　*　　*

無可否認，自信心是成功的基礎，缺乏自信的人凡事畏首畏尾，是典型的失敗者，但過分有自信卻會令人盲目看不到錯誤，也不會感覺到危險，正如逐浪者看不到巨浪正準備把他們吞噬一樣。

你是否一個自信心滿瀉的人？請回答以下問題，回答時請不要翻查書籍資料，並估計自己在這條題目中答對的百分率有多少。

	問題	A	B	%
1	乘飛機從上海往芝加哥，共有多少公里？	多於15,000公里	少於15,000公里	
2	貝多芬在哪一年出生？	早於1780年	於1780年	
3	清華大學建校多少年？	多於100年	少於100年	
4	芝加哥大學曾出過多少位諾貝爾獎得主？	多於50位	少於50位	
5	莫札特一生共創作了多少首交響樂？	少於30首	多於30首	
6	孫中山先生壽命有多長？	多於60歲	少於60歲	
7	亞洲象的懷孕期有多長？	多於100天	少於100天	
8	黃河有多長？	多於5,000公里	少於5,000公里	
9	波音747航機在不計燃料之下，重量有多少？	少於150,000公斤	多於150,000公斤	
10	美國平均每年被鯊魚殺死的人有多少？	多於5人	少於5人	

〈答案在第119頁〉

你共答對了多少題？

在這個問答遊戲中，對錯的數目並不是最重要，以上所有題目都是資料性的，忘記了答案是十分平常的，只要稍為做些資料查證，便不難找到正確答案。這遊戲關鍵的地方是，你預計自己答對可能性有多大。

- 清華大學名堂響噹噹，是老牌大學，應有過百年的悠久歷史吧！

- 對一般政治人物而言，四十歲只是政治生涯的開始，只是一個小孩子吧！六十歲才說得上成熟，像國父孫中山先生這樣傑出的政治家，應該不只這個年歲吧！
- 鯊魚兇殘無比，殺人不費吹灰之力，每年應有不少人成為牠的美味點心吧！絕對不會只是幾宗那麼少。
- 人類的懷孕期已經夠長了，大象還要比人類的長一倍有多，不可思議呢！

這樣簡易的問題，「唔駛問亞貴」(廣東俗語，意即無須做任何考證) 也可以直接指出答案。對不起，你的答案錯了！

我們遇到問題時，會很容易先入為主的，認為自己的答案是一定對的，而且充滿自信，更以此假設作為做決定的基礎，這是犯錯的基本原因。自信心太強的人會因為以為已經掌握了正確的答案，沒有需要再作深入的考證，往往會看不到有其他的可能性。絕大多數職業司機都會覺得自己的駕駛技術很好，發生交通意外的是其他差勁的司機，不會是我；絕大多數在颱風襲港時仍然堅持下水的人士，總會覺得自己技術了得，發生意外的總不會是我⋯⋯。

為自己留一道活門

有自信心覺得自己的決定是對的，而且有能力去執行，這是成功的關鍵，自信心是達成目標的動力，但是過分自信就會覺得自己已經知道了正確答案，無須再考慮其他的可能，這就容易令人停止思考，看不到還有其他的選擇或者危險，過分的自信往往也是盲點的來源。

如何使自己既有自信又不會被盲點所遮蔽？法國大導演尚雷諾說過：「雖然劇本已定，但永遠要在現場裝一道隨時可打開的活門，因為臨場可能忽然有意想不到的收穫。」那才是神來之筆！

其實做任何事也都是一樣，做足準備，做好計劃，就能夠充滿自信面對問題，但卻同時保持開放及醒覺，永遠預計有「預計之外」的事會發生，那麼，意外可以避免，而意想不到的收穫隨時會降臨！

答案：

1. 乘飛機從上海飛往芝加哥，共12,000公里。
2. 貝多芬出生於1770年。
3. 相對於其他世界級的名牌大學，大名鼎鼎的清華大學其實算是很年青的，創校不足一百年，於1911年創建，是用美國退還部分庚子賠款所興建。
4. 到2007年12月為止，芝加哥大學共出過81位諾貝爾獎得主，僅次於哥倫比亞大學、哈佛大學及英國的劍橋大學，但單是經濟學一項，芝加哥大學就囊括了22個諾貝爾獎。
5. 莫札特一生共創作了歌劇20多首、交響曲40首、宗教音樂20首，室內樂、協奏曲、鋼琴獨奏作品無數。
6. 國父孫中山先生於1866年出生，於1925年在北京病逝，享年只有59歲。
7. 亞洲象的懷孕期約為22個月，即約660日，比人類長得多。
8. 黃河總長度共5,464公里。
9. 波音747航機在不計燃料之下，其總重量為176,900公斤。
10. 在電影中以兇殘恐怖的形象出現的大白鯊，其實是很少襲擊人類，在美國平均每年被大白鯊殺死的只有2人，比被其他動物如狗、蛇、蜜蜂等殺害的要少得多。

盲點 9

感情用事
——預設的心理反應模式

大腦確實將很多的判斷都交給情緒來決定。

——Cordelia Fine （英國心理學家）

在報章上時有這樣的悲劇新聞，某某因一些生活瑣事先則口角繼而動武，情緒激動，最後一時錯手把對方打死，事後雖然萬分後悔，但為時已晚！

情緒是由腦袋內的邊緣系統所控制，運算的速度遠遠快於理性的大腦皮層，情緒會駕馭理性，使人失去應有的分析、判斷能力；情緒使人瞎了眼（俗稱「火遮眼」），使人看不到機會和選擇；情緒影響了我們的身心健康，不少都市病如高血壓、心臟病、抑鬱症、家庭暴力，甚至傷人、自殘等等，都與情緒失衡有關，不少人終身為情所困，行為心態都受它支配，成為了它的奴隸！

負面情緒可以使人瞎了眼睛，那麼如開心快樂等正面的情緒是不是會好一些？心理學家發現，如果在百貨公司門外，售貨員給經過的遊人送上一份如糖果、巧克力等成本不太高的小禮品，使你心情美妙一些，你進入店舖光顧的機會會大為提高，在心情愉快的時刻，購買動機會強烈一些；亦有實驗證明，在天氣良好時做的顧客問卷調查，滿意程度是會較高的。即使是正面的情緒，也會讓人失去了應有的理性判斷，看不到自己真正的需要，結果買來了一大堆根本不中用的東西，情緒反應確實是消費社會不可缺少的經濟動力！

情緒有益

如果情緒是弊大於利，為甚麼造物者會發展出情緒這東西來？到底情緒有用嗎？在本書的第二章，我們經常強調，如果沒有了情緒的反應，人類早已經滅亡了。我們的祖先生存在一個隱藏着飢餓的捕食者的世界，快速而自動化的反應讓人類可以存活下來。

恐懼：一旦出現危險信號，恐懼可以使人渾身充滿了荷爾蒙，準備更快逃走。

憤怒：它使身體進入作戰狀態，能更有力量進行廝殺。

驚訝：可以幫助對新刺激產生反應，當有意想不到的事情出現時，驚訝的反應使我們可以停下來觀察，但同時身體亦作出預備轉調方向的反應。

厭惡：在一個充滿病毒和腐爛食物的世界裏，厭惡的本能使我們的祖先可以辨別出甚麼東西可以吃，甚麼就不可以吃，使人能避開病毒。

開心：當遇上心儀對象、老朋友相聚、戰勝敵人、接受禮物和讚賞時，都會有開心快樂的感覺，這是人類建立友誼、團結族群和繁衍後代的基本動力。

悲傷：當失去寶貴的東西或親友去世時，人會感到悲傷，因為這失去了的東西都是有利於繁衍和團結的，悲傷的感覺會讓人更加珍惜，更有動機去加以保護。

內疚：當自己做了一些背叛親友或者族群的行為時，便會感到自責，這是一種自我監督的心理機制，以防止族群之間出現欺詐的行為，促使大家都誠實守信，族群才可以繼續繁衍下去。

仇恨：這是遭到欺負侮辱之後的一種報仇行動，以向其他人展示你保衛自己利益的決心，使對方在欺負你之前也要想一想，這可以確保族群關係有微妙的平衡。

情緒是一種自我保護的機制，是很用的，但甚麼時候情緒會變成為傷人的利劍？

情緒是由腦內的邊緣系統掌管的，情緒刺激所行的路徑比起理性思考的短得多，所以反應亦快得多。

美國心理治療師 Tara Goleman 在其著作“Emotional Alchemy”(中譯本《煉心術》，台灣大塊文化出版社)一書中提出，人的情緒反應大多數是由一套已經預設了的心理適應模式所支配，她稱之為「基模」(Schema)，它是大腦的儲存檔案系統，是不需經過大腦皮層的理性分析。

我們可以把這機制比喻為電腦的「預設選項」(default)，當啟動了後會自動出現，如果你不刻意修改它，它便成為你會自動使用的工具，當你再次啟動電腦時，就會自動返回這個程式。

心理的預設選項

Tara Goleman 認為這是一種錯誤的心理適應模式，很多人會以某一種情緒作為回應世界的基本依據，這種特定的情緒，就是一個特別的過濾鏡，成為了他/她自己獨有的「預設選項」，無論發生了甚麼事情，都以這種情緒和心理模式為藍本而作出反應。

- 當「恐懼」成為了「預設選項」時，即使是在完全沒有危險的情況下，也頓時會渾身充滿荷爾蒙，處於逃避和防衛的心理狀態，全身都是刺，使人難以接近。
- 當「憤怒」成為了「預設選項」時，所有人都是敵對的，隨時都要準備戰鬥，暴力是唯一的出路。
- 當「仇恨」成為了「預設選項」時，其他人所說的每一句話、做的每一件事都是在針對、侮辱、欺凌他/她，所以必須要作出報復的準備。
- 當「厭惡」成為了「預設選項」時，世界實在污穢不堪，很難會接受身邊的事物。
- 當「驚訝」成為了「預設選項」時，很容易便歇斯底里的以惶惶不可終日的心態面對世界，即使這只是一件微不足道的小事。
- 當「內疚」成為了「預設選項」時，無論發生了甚麼事都自動地覺是自己犯了錯，總是自責、自怨。
- 當「悲傷」成為了「預設選項」時，世界就是一場傷心斷腸的大悲劇。

- 當「快樂」成為了「預設選項」時，都只會看到事情的正面，所有人都是天使而看不到暗藏的危險，不懂得自我保護，可能隨時會變成鯊魚的點心。

這種「預設選項」的情緒反應是非理性的，就像魔咒一樣，潛藏在人的內心深處，它扭曲了事實的真相，局限了視野，更甚的是，它駕馭了大腦的控制權，操縱人的心情，主宰人的行為。這是一場永無休止的惡性循環困局，當用了這塊過濾鏡來看世界，就會不斷強化自己扭曲了的信念和行為，成為解不開的困局。很多人都像受了魔鬼咒語一樣，永遠被困在情緒的深淵之中，不能自拔。

盲點 10

麻木不見
——看不見眼前的問題

筆者有一位女性朋友住在芝加哥，那裏的冬天寒冷得使人發抖。她還要在冰天雪地中爬上屋頂剷雪，否則房子真的會塌下來，門也開不了。她極討厭住在芝加哥，真的是想起來也心寒。她夢想有一天可以搬到夏威夷去，可以每天面對陽光與海灘，隨心所欲地暢泳，那就實在太美妙了！數年之後，她真的搬到夏威夷去，過着夢想般新的生活。開始時，她真的很開心，但漸漸就失去感覺，還開始覺得悶，每天都是陽光、海灘、游泳，她已經麻木了。她最享受的時光，反而是打電話給芝加哥的朋友聊天，當她聽到朋友跟她說：「你就好了，每天對着陽光海灘，我就只能對着冰天雪地。」她聽到後開心了一會，心靈慰藉了一下，然後又再沒事可做了。除了講電話時有一刹那刺激，她便沒有甚麼興奮感覺，也沒有快樂或幸福起來，原來人是很容易會麻木的。

你有多幸福？

你現在有多幸福？如果1分是極不幸福，5分是極其幸福，你會給現階段的自己打多少分？請想一想以下的處境：

- 老闆非常欣賞你的表現，給你升職加薪，幸福極了，但一年過後，你的幸福感覺會否多了？
- 有朋友一年前中了巨額彩票，得到獎金一千萬，你猜他現在感到幸福嗎？假設他並沒有把錢輸光，他今天仍然富有，你估計他的幸福分數會否比你高？
- 某人一年前發生車禍，下半身癱瘓，至今仍沒有多少改善，你猜他會覺得自己幸福嗎？
- 某人一年前失戀了，雖然用各種方法，呼天搶地也不能挽留那段感情，天掉下來了，你猜他今天是否仍然浸淫在這悲傷的情緒之中？

據心理學家的發現和推斷，情況可能是這樣的：

- 升職加薪當然是人生一大樂事，當然會感到開心快樂，但這幸福的感覺可能只維持一陣子，當適應了之後，又再回復原狀，所以一般管理學的理論都認為升職加薪從來不是長久的推動因素(motivator)。
- 中了巨額彩票，當然很高興雀躍吧，但日子久了，也會漸漸變得沒有甚麼感覺。
- 發生交通意外而使身體殘缺，當然是淒慘的悲劇，天掉下來了，但隨着日子消逝，很多人都接受了，漸漸感情也沒有像最初那樣不快。
- 對於這位失戀的朋友，一年過後可能仍舊有傷痛的感覺，但時間會洗滌他的心靈傷口，他更有可能已經結識了新的伴侶，甚至慶幸分手了。

*　　*　　*

無論發生了甚麼事情，地球總會繼續轉動，明天又是一個新的開始，過一陣子也像甚麼事都沒有發生過似的，這就是所謂的「麻木」。人是會麻木的，這是一種自我保護的機制，過往的經歷無論是多麼淒涼，現在也可能是不甚了了，原來我們是這麼容易適應，那有沒有甚麼事是真的適應不來？

有一位朋友曾經打趣地說，他的資金不多，但希望可以改善生活，他有兩個選擇：

(1) 是搬到一個較大的1,500平方呎的單位，要多供十年按揭；

(2) 選擇繼續住在現有的1,200平方呎的單位，但用省回的錢每年去一次旅行。

結果他選擇了後者，因為他覺得無論多大多漂亮的房子，多望幾眼也就習慣了，最後也只是用來「堆垃圾」，但從1,200呎搬到1,500呎真的不會給你帶來長遠的感覺，因為很容易就會麻木了，但旅行便不同，每次去到不同的地方，去之前已在期望，去之後又可看相片，每次見的、玩的都不同，當然不容易會感到麻木，結果那開心的感覺會維持較久，到適應之後，第二年的旅行又來了，更好的是當完成了一次旅行後，又再會期望第二年的旅行，那給他的快樂遠遠多於從1,200呎搬去1,500呎的大屋。

對於一些零售業的管理人來說，分店的員工甚至經理是需要時常輪調的，以免他們有麻木的感覺。試想，若店內有些東西擺亂了很難看，但多看幾天也就適應了，直到有專門負責巡分店的經理過來，就會指出為何東西會這樣放置，店員才會醒覺，因為即使再醜陋的東西，多看了都會習以為常。所以對於很多人來說，娶妻嫁夫都不用求外在美，因為樣子看久了就會習慣。

但原來人是會麻木的。麻木是對外界的刺激再沒有甚麼反應。隨着時間過去，那反應是會越來越小，為何會這樣？因為已經適應了。人的適應力實在比想像中強，甚至強得會變成盲點。最初關燈時你會覺得漆黑一片，甚麼都看不到，但漸漸你又開始能看見東西，這是適應，能令你生存下去。

如何停止麻木？

當你麻木不見，要面對的問題依然存在，但你已經根本不覺得這是問題，那自然會發生更多新的問題。人很容易會麻木不見，不再感覺到痛楚，那就很容易會停止思考，這是很嚇人的。所以為甚麼雖然別人看來很慘痛，但看上去還像是沒有甚麼？原因是我們很快會變得麻木，適應了，但不等於能為你減少盲點；當自己適應了生活，就會容易停止思考，盲點頻生。

那我們如何才能夠停止麻木呢？

為自己的生活添上變化，那就可以令你不斷動腦筋。例如更換衣服的款式，用不同的路線上班，培育多元化的興趣，都是不錯的選擇。更換不同的東西，可以令你較難適應，不會容易麻木。

對了，變化太快的事情是不容易令人麻木，為何警車的警號聲音是時大時小、時高時低的，尖銳得令人刺耳？就是為免路人和其他駕駛者適應了聲音，不醒覺到應該要讓路。

婴兒的哭泣也是一樣原理，小寶寶餓了要吃奶時，是不會只用單調的「啊……」來喚醒爸媽，他們的哭聲是時大時小，時高時低，有時更尖鋭淒厲難聽得很，這樣就能確保爸爸媽媽不會麻木，確保他們在難以忍受之下，深夜時分都要爬起牀餵奶，這是小寶寶的求生之道。

盲點 11

投降放棄
——學習得來的無助

奧地利心理治療大師佛朗克(Viktor Frankl)的著作"Man's Search for Meaning"是每一個自以為沉湎在痛苦深淵的人必看的書。

佛朗克是一位的猶太裔的精神科醫生，納粹德軍吞併了奧地利後，他和家人都被送到集中營。在集中營裏他被剝奪了人的所有尊嚴和價值，每天被強迫做遠遠超過體能負荷的勞動，隨時會被拳打腳踢外，吃不夠飽穿不夠暖，衛生環境惡劣，跳蚤毒蟲横行，比地獄惡劣不知多少倍。更可怕的是犯人不論男女老少，只要體力稍差的都會被集體送到毒氣室去，甚至遇有軍官心情欠佳時會隨時拔槍把犯人就地處決。每天能夠活着返回囚室是一件幸運的事。

在集中營裏，每天都有無數人被送到毒氣室，奇怪的是這些將死的人大都是很有秩序、很合作的自動脱光衣服，除掉身上所有飾物，齊整地向着毒氣室大門排隊，沒有反抗，沒有恐懼，沒有憤怒，沒有怨恨，面上沒有任何表情，只是冷漠地靜候死神的最後召集，彷彿步進毒氣室是一種無法逃避的宿命。

佛朗克觀察到囚犯最異常的反應是對死亡不再敏感，對身旁堆積如山的死屍即使是有至親在其中也是完全麻木。他們的典型反應是冷漠、感情遲鈍、對生命沒有任何要求，不會存有任何期盼。佛朗克甚至認為他們不是死於納粹的槍彈毒氣，而是死於失去了求生的意志，主動向死神交出自己的生命。

無力感比麻木更可怕

心理學家發現，動物如果經過「特殊訓練」之後，是會學習到放棄一切甚至自己的生命，這種學習得來的無助感(learned helplessness)是一種主動放棄的反應，從「無論你怎麼努力都於事無補！」的想法而來的放棄行為。

1975年賓州大學心理系的教授Martin Seligman用狗隻來進行實驗，他使用了三隻狗與通電的鞍具來證明動物的無助放棄態度是可以學習得來的。

• 第一頭狗簡單的被加上通了電的鞍背，隨後被解下。

• 第二頭狗被加上通電背鞍，然後施以短暫但有痛感的電擊，但狗是可以經由碰觸槓桿來停止電擊。

• 第三頭狗與第二隻狗並排及背上鞍具，也接受同樣的電擊測試，面前也有槓桿，不同的是槓桿沒辦法停止電擊，無論怎樣努力按那個槓桿，電擊仍然繼續。

在實驗結束後，第一隻與第二隻狗都迅速的恢復原先的狀態，但第三隻狗則被診斷出有抑鬱的症狀。

另外一個較小規模的試驗是將兩組狗兒放在一張吊牀上。

第一組的狗兒被輕微電流電擊，但牠們能夠停止電流；另一組狗而則不行，當這個吊詭實驗做完之後，再將這兩組狗兒放到一個有障礙物的屋子，第一組的狗兒在屋子中遭受電擊時，會跳過障礙物逃走，但第二組的狗兒在遭受電擊時，不會嘗試逃走，只會躺在原地上動也不動，儘管狗兒看到第一組的逃走，也知道自己能逃走，但牠們並沒有嘗試，這就是學習得無助感。

促成學習得無助感的最大原因，是心理上認為自己無法控制某件事情，進而產生了消極悲觀的信念，無論自己多努力，付出了多少，其實都是沒有效果的，放棄是唯一的選擇。當心態上要放棄的時候，腦裏便沒有甚麼可以想可以做，只有聽由命運的操控，只想到等待滅亡是一種宿命，沒有辦法吧！

學習得無助感的人比麻木不見型的人更為可怕，因為麻木不仁其實也是一種感覺，作為思想行動的依據，但學習得無助感的人卻是把所有思考都完全停止了，甚麼都不去想不去做，任無情的命運安排，這絕對是人生中最可怕、也是最大的盲點。

盲點 12

直線思考
——過於簡單的思考方法

世界真的不能用直線的思維方式來理解的！

美國有一位青年參加在朋友家裏舉辦的派對，期間他走進了花園，在夜色中看見一個大游泳池， 感到十分興奮，便脫掉衣服，像泰山一樣一面搥打胸膛，一面高聲大叫，砰一聲跳進去，這時才發現原來泳池是沒有水的，但為時已晚，他跌落一塊堅固的水泥面上，全身多處骨折，脖子也幾乎折斷。

*　　　*　　　*

法國的拿破崙大帝用無比的決心，以雷霆萬鈞之勢攻打俄羅斯，法軍勢如破竹，直搗俄國心臟，俄軍總司令是一位名為因為庫圖索夫 (Kutuzov) 的將軍，拿破崙根本不放他在眼內，因為庫圖索夫是一位出名的酒鬼，而且貪睡貪吃，私生活毫無紀律可言，他認為與這樣的人對壘，強弱得實在不成比例。

法軍路路進逼，俄軍節節敗退，拿破崙已經挺進到可以用肉眼看到莫斯科城了，勝利已經在望，但他這時候才發現大軍已經遠遠脫離了後勤補給線，加上嚴寒的冬天已經來臨，處境非常危險，拿破崙惟有孤注一擲揮軍攻城，但出乎所有人的意料，庫圖索夫擺下一個空城計，竟然一把火把自己的聖城燒毀，拿破崙一無所獲，但嚴冬已經把他團團包圍，後援中斷，這時，俄軍突然從四方八面反攻，結果法軍一敗塗地，慘不忍睹。

*　　*　　*

美國青年骨折和拿破崙慘敗的故事，有甚麼共同之處？

那青年的思維是：在派對中發現泳池，泳池必定會有水，而它應該是享樂的一部分，所以跳進去是當然不過的事，屬於直線的、條件反射式的思考模式。

拿破崙的思維是：「勝利」等於攻城掠地，敢於勇往直前；「失敗」等於節節敗退，城池被攻陷；勝利的人是嚴守紀律，所以敵方將領是一個失敗者，是懦夫一名，而且節節敗退，所以無須重視，他同樣是直線的、條件反射式的思考方法。

他們的共通點是「單一角度」、「直線思考」和「條件反射」，以不是A就是B的模式來審視世界，事物的邏輯因果關係是直接、可以看到和預計到的，而且是一種無須分析便能偵測得到的條件反射。明顯，拿破崙的對手就不受既有的框框所限，表現得靈活和有彈性得多。

不要取笑他們，你與我都會陷入這種困局當中，因為我們的思考方法跟他們沒有分別。在傳統的教育和考試制度之下，我們會被訓練為答問題的機器，從小學到大學的生涯中，經歷了上萬次的考試磨練，我們在不知不覺間，都被訓練成為了直線的和二元邏輯的思考專家。

高分低能的考試狀元

前教育局高官曾指出香港學生有很多是「高分低能」，你知道甚麼是考試高手嗎？考試高手和有學識可以是兩碼子事，有學識不代表能應付考試，因為考試是另一種學問，可能教育當局應該另設一門「考試學」吧。在應考的時候，知得越多，反而可能不及格，因為考試並不是講求知得「多」，而是要答得「對」，要符合改卷員的標準答案。

正因如此，各補習學校能訓練出考試的高手，大學卻不能。考試高手是怎樣的？他們會停止思考，他們受過長期訓練，不斷的做練習題；其實就連出題目的人也停止思考，所以題目都是大同小異的，要估中會出甚麼題目也不是太難。應試作答時基本是一種反射動作，一看就知答案是A還是B。在考試時，是再沒有時間思考的，如果每題都思考一番，就肯定不會有足夠的作答時間。即使那不是選擇題，而是問答題，也可以背標準答案。考試高手的專長是一味快速作答，秘訣在於不要思考，直指答案，不論是靠死記、硬背，甚麼方法也行。

我們的教育制度都是在培育考試高手，而非學問高手。當你成為了考試高手，取得驕人的學歷，請不要高興得太早，因為你可能已經習慣了停止思考。

即使你不是考試高手，想想平日是否也很快地指出答案，說某事情「是這樣的了」「是那樣的了」！你的反應是這麼快，應該是沒有經過縝密思考，只是直覺反應吧！今天，資訊如同浪潮般洶湧而至，我們還能否說答案非A即B呢？通常A和B都不是正確答案。如果你仍相信有標準答案的話，就注定會失敗。

真實世界沒有標準答案

世上真有標準答案嗎？絕大部分問題是有超過一個答案，有更多問題是根本沒有答案的。若仍採取非A即B、非黑即白的處事態度，又怎會沒有盲點？請問一問自己，你的思考是否直覺反射式的，如屬實，則你已停止思考，易生盲點。

真實世界絕對不是直線的，更加不是簡單的「非黑即白」或者是「非此即彼」的二分法，它是一個不確定的、龐大而複雜的動態系統，萬事萬物是互相牽連在一起，既是因也是果，千絲萬縷，牽一髮而動全身，不可能用「直線」和簡單的方法可以理解和看得穿。只用單一的視角和直接的反應來處理問題，不但是與真實世界脫節，而且是異常危險的。試圖用傳統教育訓練出來的思考模式，來解決複雜且變化萬千的問題，實在是緣木求魚。

面對越來越複雜的處境，除了保有傳統的智慧外，更重要的是能否看到事情的全部，「系統式的思考方法」(Systemic Thinking) 可能是較為合適的解困之道。系統式思維就是洞悉複雜情境和問題的簡單思考技術，同時把情況當成整個系統來觀察，再把當中的組成元素解拆，然後研究它們是如何共同運作，從而找出最佳答案。

盲點13

活在當下

——不思考因果邏輯

甚麼？「活在當下」都是盲點的根源？對，它絕對使你看得更少，更受盲點所困。

又是世界最大的戰艦大和號被擊沉的故事：1945年4月7日中午，380多架美軍軍機向日本的大和號戰艦進行瘋狂轟炸，艦身中了三十多個魚雷，失去作戰能力並開始下沉，戰鬥到最後一刻，船長宣佈棄船，大量士兵已掉到水中，士兵掉在海裏以後，就抓着任何可抓到的浮游物體，全船2,500多名官兵，生還的只有276人。事後，幸運生存的士兵控訴説：「我們已掉在水裏，美軍為甚麼那樣兇殘，還要向毫無招架之力的人開槍掃射？」戰爭就是那麼殘忍吧！

但是，正在海中掙扎的日本士兵有否想過，他們當時的遭遇，其實是四年前珍珠港的翻版？1941年12月，日本偷襲珍珠港，事件中美軍的主力艦亞里桑那號，是日軍主要的攻擊目標，船上千多名官兵掉在海裏以後仍被掃射，日軍在珍珠港事件共殺了三千多人，生還的美軍在海中掙扎時也發出過同樣的控訴。美國傾全力要擊沉大和艦，除了軍事目的之外，也有着要報一戰之仇的象徵意義。

發動太平洋戰爭的日本軍國主義者有否想過，偷襲珍珠港是他們親手把當年仍是中立的美國拖入戰團，驚醒了這頭巨鷹，同時也把自己的戰線拉得太長，遍及整個中國和亞洲太平洋區，短暫的勝利遮蔽了眼睛，最後嘗到慘敗的「果」，這都可以追溯到很多很多年前由他們一手促成的「因」。

*　　*　　*

世上沒有無緣無故發生的事，今天的「果」可能是若干時日前種下的「因」所致。佛家有說「萬般帶不走，唯有業隨身」，「業」(karma) 就是一大連串的因果關係，任何事情都有原因，你若看不到原因，只看到結果，對很多事情就不明所以，1945年日軍死去二千人，是源於1941年的因，日軍不要怪責美軍殘忍，因為自己也曾經同樣殘忍。

失了釘子，輸掉國家

英國有一首古老的民謠：

「由於缺失了一口釘子，於是掉了一副鐵蹄；
由於缺失了一副鐵蹄，於是掉了一匹戰馬；
由於缺失了一匹戰馬，於是掉了一個騎士；
由於缺失了一個騎士，於是掉了一場戰役；
由於缺失了一場戰役，於是掉了整個國家。[12]」

---

12 英語全文為："For want of a nail, the shoe was lost; For want of a shoe, the horse was lost; For want of a horse, the rider was lost; For want of a rider, the battle was lost; For want of a battle, the kingdom was last." 可參看網頁：http://www.rhymes.org.uk/for_want_of_a_nail.htm

據說，這首民謠是公元1363年英皇愛德華三世用來警惕戰士切莫粗心大意，因為即使是一口鐵釘般的小事，如果處理不好，都可能會因此輸掉整場戰爭，甚至亡國毀社稷。在二次世界大戰時，此首民謠被掛在倫敦的英軍物資供應處的總部，作為告誡將士的真言。

因果關係在生活中無處不在：

- 吃得太飽是「因」，腸胃不適是「果」。
- 酗酒是「因」，肝臟疾病是「果」。
- 貪圖短暫的享樂和縱慾是「因」，引致體弱和長期的慢性疾病是「果」。
- 曾經做了對不住自己良知的壞事是「因」，疑神疑鬼，夜半敲門也會恐懼驚怕是「果」。
- 人際關係惡劣、性格極端、情緒暴戾是「因」，封閉孤獨沒有朋友是「果」。
- 人類為求短暫的利益，埋下了種種破壞環境的「因」，以致引來種種自然災難的「果」。

「活在當下」有問題嗎？不是很多教人自我成長，或者教人要活得快樂的暢銷書都說要「活在當下」嗎？為甚麼這樣的人會是不去思考，被盲點所困？

有「果」必有「因」

首先，應先瞭解甚麼是「當下」，對很多人來說，「當下」是指此時此刻，但當我寫完這段文字的時候，這個「此時此刻」就已經成為了過去，不再是剛才的「此時此刻」了，但兩者又絕對不能完全獨立沒有關係，因為彼此是互為因果的，從這個角度來看，「當下」就根本沒有任何意義。由無數的、延續不斷的、互為牽連的「此時此刻」所組成的「當下」才是有意義的。所以，如果「活在當下」只是要把視線放在此時此刻，如果眼睛只注重現在，而忽略過去，只着眼現在的結果，而不知道導致現在結果的原因，同樣是沒有任何意義。

過去的歷史就是「當下」的重要組成部分，也是把「當下」延續下去的脈絡，歷史(history)這個字源自古希臘，是指通過「看」而達到「知」的過程，也包含着分析、辨察、掌握資料、理清來龍去脈的意思。當得知各種事的前因後果和它們之間的關係原因時，「活在當下」才會變得有意義；相反，當只是看到現在的結果時，活在現在而不再思想過去，甚至忘記了過去，沒有從過去中汲取過任何教訓，思考就會停止。

忘記過去，但同時又要記得過去，這看似是一個很大的矛盾，但事實上，思考的目的，就是要找出事件的因和果之間的關係，能夠通過瞭解過去，知道導致今天這結果的因由，悟到箇中的體會和教訓，懂得放下包袱，努力經營好現在，就能減少盲點，這才是真正的「活在當下」。

盲點 14

逃避痛苦

——裝傻扮死的心理

很多動物被掠食者追殺，在走投無路生死攸關的時候，會故意裝死，身體機能包括心跳脈搏都完全停頓，在非洲有一種蛇更會發出腐屍般的劇臭，使追捕者以為牠已經死了並在變壞中，不能入口，還是另找目標好了；待掠食者離開後，這裝死的傢伙才靜悄悄的復活，逃之夭夭。裝死是某些動物演化出的求生策略。

人類其實都保留了這種求生本能，當遇到威脅或者挫折，而攻擊和逃跑都沒有效果時，有些人會以裝死來反應。

* * *

當然，人的裝死並非如動物般停止心跳脈搏甚至發出臭味，而是演化成另一種防衛機制，包括否認，不加理會，當作沒有這回事發生過，或者將事情合理化，有的會關閉部分感官，對所發生的事情視而不見，聽而不聞，有些人會很忙碌地做其他不相干的工作，試圖為自己的逃避行為開脫，我已忙得要命了，不理會它也並無不妥吧！有人在經歷災難或者重大創傷時，會失去這段時間的記憶，潛意識會自動把這經歷藏在心靈最深處，即合上眼睛，甚麼都看不到，甚麼事都沒有發生過。這也是人類自我的其中一種防衛策略。

鐵娘子苦戰愛滋病

愛滋病毒被發現的初期在歐美肆虐，各國政府都有不同的反應。反應最慢的可說是美國了，列根政府對愛滋病原來甚麼都沒做過。八十年代初愛滋病出現時，他們視而不見，為甚麼？因為這是令人困惑和痛苦的政治課題，是非常難處理的事，任何政黨、政客、組織只要一碰這課題就麻煩大了。如果政府說要鼓勵人民戴避孕套，教會和保守人士就不高興，群起而攻之；如果要懲治非主流的性愛行為，就會立刻遭到同性戀組織或者自認前衛的教會運動家所圍攻，當時政府曾出版過一本小冊子，談及同性愛生活的正確方式，結果列根被臭罵了，並指斥不許再用公帑來做這樣的事。政府只好閉上雙眼，視而不見。結果單在85至88年這兩、三年間，愛滋病染病率大幅飆升，而因共用針筒而染病的數字增加了四成以上。

但在英國，戴卓爾夫人敢於面對問題，她委派負責的大臣開展了很多措施，其中包括換針筒計劃，即是可以舊針筒換新針筒。有人批評這樣就是鼓勵人們吸毒，但鐵娘子堅決推行，她做事確是狠得多，結果英國對愛滋病的防治工作在最初要遠比美國做得好。如果美國一開始時肯面對問題，也許愛滋病就會比較受控制。痛苦的事情會使人困惑，裝死不理會它，確是較為舒服的防衛策略，但結果就會產生更多盲點。而那些問題不會因此消失，它們仍會繼續肆虐。

面對比逃避更痛苦

在辦公室裏，你總是習慣了把不願意做但又必須要完成的事，拖延到最後時刻才動手，拖延可能是逃避痛苦的工作的有效策略；被老闆責罵而扮作沒有感覺，這也可能是一種輕度的裝死行為吧！

結婚開心嗎？在未結婚的人眼中，結婚的人是很開心和幸福的事，但訪問一下已結婚多年的人，或者會得到不同的答案。有婚姻專家曾做過分析，看看已婚者從婚前五年到婚後五年的開心程度的變化，結果是他們的開心程度在初時是一直飆升的，直到結婚的一刹那到達頂峰。可是結婚之後，那開心程度急速下滑，正如上文中提過人是很易麻木的。很多婚姻變了質，失去浪漫，甚至有的更被配偶施虐，互相勾心鬥角，同牀異夢。「為何不乾脆離婚了事？」他們會訴說另一個故事，離婚的痛苦是遠遠超過外人的想像。結婚時開心得快，但離婚時痛苦更大。很多人的婚姻生活淡而無味，更不要説有甚麼感情存在，有的被虐的配偶甚至會辯説：「都是因為他/她愛我，緊張我才會這麼暴戾！」究其原因，可能是得不到婚姻所帶來的快樂，卻又害怕分離時的痛苦，結果大家都在裝死的狀態。

我們對痛苦的逃避，以至裝死反應時所付出的資源和精力，遠遠比追求快樂為多，痛苦的適應時間遠遠慢於開心的適應時間，其煎熬可以是很久的，而開心快樂的感覺卻只會維持一陣子。結果當遇上痛苦的事，便會逃避痛苦，完全不去想痛苦的事；一想到是痛，就乾脆不去面對它，於是停止思考。

盲點 15

找出犯人
——都是別人的錯

人喜歡找尋代罪羔羊

人們喜歡批評，喜歡找出別人的錯處，喜歡推斷誰是導致這問題的罪魁禍首，甚至不自覺地找尋代罪羔羊……也許這是人類與生俱來的本能，也許能夠找出別人的錯處，會使自己感覺好一些。

- 人們喜歡批評那些處於他們之上的人。(地位、能力、收入、擇偶條件……)
- 人們喜歡批評那些可能威脅到自己的人。(地位、能力、收入、擇偶條件……)
- 人們不太批評那些高高凌駕於他們之上的人，只是羡慕他們！
- 人們不太批評那些遠遠處於他們之下的人，只是覺得他們可憐。

惡意地批評別人不是一件合乎道德的事情，也毫無益處，但是幾乎每個人無時無刻，有意無意的，而且樂此不疲地做這種事情(當然也包括筆者在內)。

人們為甚麼喜歡惡意批評，甚至找代罪羔羊呢？我們不是心理學家，不知道確切的答案。但是，批評他人當中包含着一種邏輯，當有人比我更好的時候，我會感覺受到威脅。即使他並未對我造成傷害，我仍然感覺受到威脅，因此，就會開始批評他/她。這樣能讓我感覺他/她並沒有實際上那麼好，也讓我感覺聽了我的批評的其他人也會對他/她的評價降低。這是批評包含的一個更為重要的元素，當我感覺其他人認為某人比我更好，他們或許就會因此而看低我。他/她很不錯的話，那麼，我一定是很糟糕！

我不會在這個人面前作出批評。他/她或許會反唇相譏。他/她比我更優秀，我或許無法應對他/她的反擊。所以，在他們背後作出批評會更為安全。

似乎我們無法阻止別人甚至自己這樣做，這是一種典型的面對危險時候作出「逃跑」還是「反擊」的選擇性反應。我們逃到別人的背後，然後施以攻擊。在現代社會裏，也許可以將這種行為稱作「篤背脊」(defended by attacking at the back)，無可否認，這是一種生存機制！是我們的基礎本能！

人們批評他人只是因為要保護自己！人們在背後批評他人是源於安全的考慮。

安全！沒錯。在別人背後進行批評更加安全，這也並不足夠。有些人採取更進一步的措施，他們在其他人面前會裝作關心那個可憐的傢伙，然後，十分安全地將他們的批評安插在那些善意的語句之中，真是個經過現代化包裝的聰明絕頂的策略！

所以，當你知道有人在背後惡意批評你的時候，不妨感覺愉快。你一定是在他們之上，你的出現使他們感到受威脅！不過也請記住，你的位置並不是那麼高，他們還沒開始羨慕你呢！

生命QC人

在現代生活中，有一種更「文明」的、包裝得更加好的方法，來掩飾這種原始行為，就是找出別人的錯處，為事件作出「品質檢察」(Quality Control，簡稱QC)，他/她本人就是檢查員，決定是誰人做錯，誰人是罪魁禍首，誰應該要負責任。

他們不僅把這種QC式思維應用在問題之上，還應用在人身上。當你對人做QC的時候，只要有人不符合標準，那他就是「錯」，不管對方的用意、原因和動機為何。批評別人、對別人做QC有何問題呢？問題在於，人又會停止思考了，認為問題就在他/她身上，結論已經是清楚不過了，無須再作進一步的思考探究了！

回歸之後，香港陷入經濟困境，民生困苦，社會找不到出路，而政府的管治差強人意，民怨四起，市民、輿論、政客都喜歡把種種問題，大至經濟社會政策，小如家事糾紛，學童成績欠佳、個人投資失利……都歸罪於政府、高官和特首，都是他們惹的禍，錯不在我！雖然示威者指罵一番之後，感覺會舒服一些，但難題困境仍然存在，因為我們根本沒有思考問題的其他甚至更深層的原因，也懶得去找尋解決問題的方法。

生命QC人只是一味去找出誰有過錯，那就肯定士氣低落。大家可以留意一下自己是否喜歡對人做QC。上述的幾種不用腦的人的形態都是同出一轍的。他們思考時是建基於過去的經歷和標準。這類人在十年前過得很好，因為當時變化少，可是在過去十年，世界的變化很快，仍套用舊有的思考方式，過時的標準已不再適用了。

即使聖人也無法做到不去批評別人，不去以過時的準則來QC別人，歸罪他人。QC人的心態是錯的是別人，不是自己，所以人便不再用腦思考。因此，我們更要經常告誡自己要避免那樣做，這並不是意味着我們不這樣做就是一個「好」人，其他人都是「壞」人。只是因為最喜歡批評的人不單從生活中收穫最少，同時也會使自己充斥着盲點！

盲點16

非黑即白

——兩極化的悲慘世界

清醒地自言自語

人在清醒的時候，幾乎每一分鐘都在內心裏自言自語，這些自言自語正説明了你對這個世界的想法，如果看法是正確或符合實際的，你就會活得好好的；但如果這些看法不合理性或不正確，你很可能會感到焦慮。即時的反應有時來自個人的錯覺，譬如：「他不喜歡我，所以他針對我！」所以我應該要憤怒，要還擊，因而出現了憤怒的情緒。

*　　*　　*

心理學家Meichenbaum分析，一個人在發脾氣鬧情緒之前，耳邊會出現一把內在的聲音(inner voice)，説出一句非常短的句子，而且是瞬間而過，快得使人不大察覺，但人的情緒就會即時被這聲音所挑動，操控了行為，隨之而來的可能是隨手把桌上的東西全掃到地上，或者做出更激烈的行動。

情緒與外界的事件無關，而是由自己內心的自言自語所引導的，換句話説，是你自己在控制的想法，造成了你的焦慮、憤怒或失意。

*　　*　　*

為甚麼同一件事對A來說是可殺死人的壓力，是天掉下來似的災難，但對B來說則只是小事一樁？因為人的內心是由一種非理性的內心聲音在操控着，這聲音好像是來自一個威力無比的巨人，但沒有經過邏輯思考，只憑最原始的直覺，在你耳朵旁低聲告訴你：

「這件事糟透了！」

「他冒犯了你，你還不憤怒嗎！」

「你應該要……」

整個過程是完全自動化而且是很快很快就會作出結論，並付諸行動，這聲音是一種自我支配、使你作出兩極化的非理性情緒反應。

請回想你最近一次大發雷霆的心理情境是怎樣的？同時，在心裏慢鏡頭重播一次，看看是甚麼使你大發雷霆？

內心說話如何控制你，引發你做出形式的非理性的破壞行為？這些話語可以歸納為四大類。

1. 絕對的

給自己設下嚴格的條件，不會留下彈性和空間，而且這些條件是絕對的、沒有例外、沒有彈性、沒有空位。

- 內心話語：「我一定要……」「我應該……」「我必須……」「絕對……」「你總是……」「整天都是……」「我從來都……」

如果別人或自己做不到這些絕對的規條，你會引發出對人厭惡、抱怨、氣憤、仇恨、懷有敵意；同時也會對自己有焦慮、羞愧、沮喪、自貶、無助的負面情緒。

2. 兩極化

將世界分成兩極，不是「黑」就是「白」，不是「好」就是「壞」，不是「得到」就是「失去」，中間不容許有任何緩衝，當遇到問題時，會自動地作選擇性的抽取，將問題過度概括，很快便出現非理性的結論，更嚴重的是，他們往往會把問題不自覺地誇大。

- 內心話語：「好……壞」「成……敗」「有……無」「對……錯」「得……失」

如果你自己或者他人做不到你的要求的話，你會產生失望、自責、羞愧、挫折、喪志的情緒反應。

3. 個人化

誇大事件的重要性和負面影響力，因為自己……所以……，將偶然發生的事或部分的資料變成了事實的全部，把外在的事情歸因為某些個人的緣故，或者是自己做得不夠好所致，如看到別人生氣，便會歸因是在生自己的氣；看到別人發怒時，又會認為他們是針對自己；比賽輸了，是因為自己表現差而連累大家……

- 內心話語：「我完了……」「她一定不喜歡我……」「他們針對我……」「他會不再理我……」「是我拖累了

大家……」「是我太……所以……」「是我不好……」「都是因為他……所以……」

如果你自己或者他人做不到你的要求的話，你會引發起無法平和、害怕、消沉、沮喪、喪志、羞愧、自責、自貶、無價值、無助的情緒反應。

4. 以偏概全

把偶然發生的事件看成為事實的全部，將有限的資料歸納為事情的所有，例如一個感情失敗的女人總是認定世上所有男人都是信任不過。

非理性的咒語	較理性的話語
沒有辦法	很難
一定	也許
總是	有時
無辦法/無希望	有困難
必須要	想要/期望要
我失敗/我一無是處	我在……的事情上做得不好
所有/全部	某些/有些
糟透了	失望
完蛋了	可惜、遺憾
我不好	我這方面表現不好
事情必定是這樣	很多人有這種想法
確實是如此	好像是如此
我受不了	我不喜歡
必然/永遠	到目前為止

- 內心話語：「你總是……」「他從來都……」「所有……都是……的」「已經是第三次……了，總是死性不改……」「我真無用……」「我注定是個失敗者」

這些內心話語會使人陷入沮喪、氣憤和無助的境地中。

非理性的內心咒語通常是簡短、直接、強而有力的，心理學家Albert Ellis認為你可以把它轉化成為較理性的話語，這些較理性的話語更能令我們看到其他的可能性。

被非理性情緒困擾的人，他們往往將「想要」、「希望」變成「一定要」、「必須要」等絕對的語句，並以此作為自己的信念，這常見於需要得到別人的認同和讚賞的事件中。

下篇

如何發現盲點？

上一章談了16個不同盲點，如何才能避免自己陷入這些困境之中？我們可以歸納為一個重點：就是多點思考，當停止思考，就會開始製造盲點。

當你開始思考時，就能想到更多；當你停止思考時，你就越來越多盲點；越來越多盲點，又令你越來越難思考。希望在這簡短的篇章中，大家可以重新去思考「如何思考」，重新去認識「思考」，並由這秒鐘起，開始多思考。

如何可以發現自己的盲點？

發現盲點是可從有三個大方向出發：

- 理解（understanding）身處的現況；
- 驗證（verifying）自己的假設；
- 搜尋（searching）其他的可能性。

當瞭解到自己身處的狀況，知道自己的強、弱項，清楚自己的資源何在，限制是甚麼；驗證了自己的假設哪些是真的，哪些是假的；然後張開眼睛，看多一點，看遠一些，以開放的胸襟搜尋更多的可能性。

以下是我們建議的10種方法。

方法1

對自己坦白

——不知為不知

「知之為知之，不知為不知，是知也。」這是孔子在二千多年前提出的求知態度，其意思是，懂的不要裝作不懂，不懂的不要裝懂。知道的就是知道，不知道的就承認自己不知道，能夠真正虛心學習，這才叫做「知」。

* * *

盲點就是不知道自己不知道甚麼，而當知道了，盲點暴露出了，就不再是盲點。

「知道」有兩個層次。當你知道某些事情的時候，這就是你的知識。但當你知道自己知道某些事情的時候，這就是你的智慧。

當你知道甚麼是自己所不知道的東西的時候，這便是學習。你可以選擇學習或不去學習。當你學習某些必要的東西的時候，便會得到改善。改善存在着局限，因為當你已經學會了所有你知道自己不知道的東西的時候，便會停滯不前。也就無法繼續改善了！

盲點管理

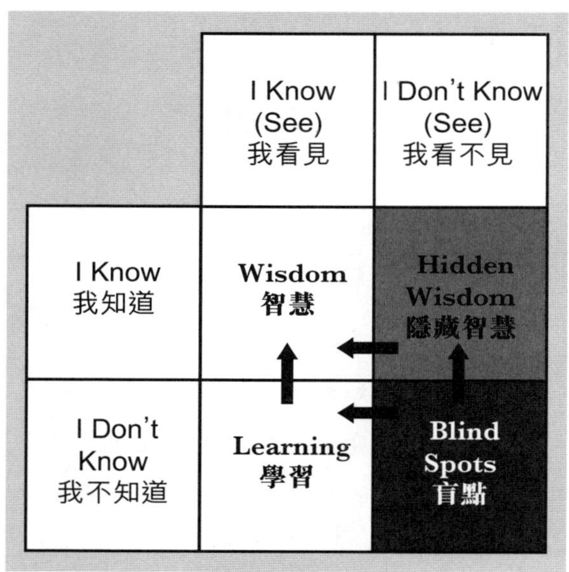

這樣，你就進入「你不知道自己不知道的東西」的狀態了，倘若你不能知道你的「無能」，你就是被卡住了！這就是你的盲點。

你所不知道的東西（What's you don't know）限制了你。因為你不知道甚麼限制了你，你在發展的過程中卡住了。發展的意思就是超越局限的進步，向前發展的第一步是瞭解局限，也就是說，瞭解你所不知道的事情，看清你自己的盲點！

「知人者智，自知者明。」當知道自己知道甚麼，不知道的又是甚麼的時候，坦然面對自己，封閉的心靈才會打開，像鏡子一樣反映出每一個看不到的角落。

方法2

系統式思考
——見樹又見林

沒有人可以像孤島一樣獨善其身。

——John Donne （16世紀英國詩人）

整體大於部分的總和。

——亞里士多德 （古希臘哲學家）

如果說我看得比別人遠，那是因為我是站在巨人的肩上。

——牛頓

世界是由無數的整體和部分所組成，但整體同時又是另一個整體的部分，這是相對的，也是無窮盡的。舉例說，我們是香港這整體的一部分，而香港是中國整體的一部分，中國又是亞洲整體的一部分，亞洲又是地球本體的一部分，地球又是太陽系的一個部分……今天的整體也是明天的一個部分……世界是由無數個整體/部分組成，所以，要瞭解世界，絕對不可能只專注某個部分，或者把整體分割成為多個獨立的部分來分析，因為一些看起來毫無關係的東西，其實都可能「系統」的一部分。

「系統」(system)一詞來自古希臘，是指「站在一起」，或者是把一些東西「擺放在一起」的意思。古希臘哲學家認為世事萬物之所以能夠「站在一起」，而且和諧地運作，絕對不是偶然和孤獨地發生的，世界其實是一個整體，一切事物都是處於某種相互關係之中，藉着這種相互關係，所有單獨的個體結合成為統一的整體[13]。他們之間有着相互聯繫的關係，而且互相影響着，系統本身又是它所從屬的一個更大系統的組成部分。

系統的各個元素是互相聯繫、互相制約，是按着一定的規律或者規則而組成的有機體。系統式思考是把視覺投放在整體，從整體和全局出發，把系統中的每一個組成元素都逐一審視，理清之間的因果關係，以達到瞭解全局，找出最佳的處理和解決問題的方法。除了網狀形態之外，系列還有以下的特徵：

1. 整體不可以分割

系統是統一和整體地存在着的，各部件的獨立機能和相互關係只能統一和協調於系統的整體之中，而系統是各個相互聯繫和彼此影響的部件結合而成的。

2. 每一個部分都是互相關連的

系統內各部件之間存在着相互聯繫、相互依存、相互制

13 對於系統的特性，可參看陳天機、許倬雲、關子尹主編的：《系統視野與宇宙人生》2002，商務印書館；以及Connor & McDermott , "The Art of System Thinking : Essential Skills for Creativity and Problem Solving" 1997, Thorsons.

約的關係，形成了一張複雜的網絡，當任何一個部分被抽了出來，或者受到外力牽制，這部分會被壓縮，但當一鬆手時，它又會彈回原來的地方。在這張網內，沒有一個部分是孤立的，任何一個部分出現變化，或者故障，都會影響其他環節和整體的運行，使系統無法發揮應有的功能。

3. 系統是有機的生命體

系統是有機的，都是循着形成、成長、極限、老化和死亡的周期而變化，一個身軀、一間公司、一個國家、一幢大廈甚至一條河流都會隨着這周期而轉變，有的時間會很漫長，有的只是一瞬間。

4. 系統是有其存在目的

系統活動本身都具有明確的目的，例如身體的目的是維持生存、公司的目的是賺取利潤、教育的目的是作育英才。系統各部件就是為實現系統的既定目標而協調於一個整體之中，並為此進行活動。

5. 系統是有一定的界限（boundary）

任何一個系統都存在於一定的環境和範圍之中，都與外界環境進行着物質、能量和資訊的交換。同時，系統要能生存和具有活力，就必須適應外部環境的變化，能夠根據外部環境的轉變和刺激作出調節和回應[14]。

---

14 吳彤，《多維融貫——系統分析與哲學思維方法》，雲南人民出版社，2005年，12-15頁。

總括而言，系統的每一個特性都反映出它的複雜性，它們都是互為因果，千絲萬縷，形成一張密不可分的複雜網絡，假如只着眼其中一個環節，出現盲點就無可避免，視角愈小，盲點就會愈多愈大。

一個宏大的網狀系統是強而有力、充滿彈性，當你用力拉動其中一個部分時，其他部分都會受到牽扯而作出連鎖發應，但很快它又會彈回原處，你愈用力推，系統的反彈力會愈大。

- 在一個潮濕的春天晚上，在隧道出口約1,000米的彎角發生了一宗交通意外，一輛私家車因為發生小故障，司機減慢車速希望在路邊停下時，尾隨車輛收掣不及，發生碰撞，幸而無人受傷。
- 三天之後，另外一輛私家車在差不多同一位置失去控制，剷上行人路撞向石柱，司機受了輕傷，後來發現他的酒精含量超標，司機被控酒後駕駛。
- 約一個星期之後的黃昏時分，一輛小巴在同一個轉彎位因為閃避一頭衝出馬路的小狗而撞上路肩，幸而無人受傷。

三宗看起來完全沒有關係的輕微交通事故，「巧合地」都是差不多發生在同一位置，都是在潮濕的晚上，如果你受委託為如何減少交通意外的顧問，你會有甚麼意見？你可以從以下幾個角度來分析：

事件（events）

它們是獨立的個別事件，可能是汽車的性能和設計的問題，這是與汽車的設計和構造有關，你可以先瞭解汽車的構造，汽車本身就是由複雜的系統所組成的，對汽車的研究不能只單獨地看外形款式，更並非只看車輪、駕駛盤、座位，汽車是很多個別的小型系統整合而組成，車內所有的部分如刹車系統、發電機、散熱器、變速器、制動器、空調、避震裝置和其他配件裝置，都是汽車組成的必要部分，每一個部分互相配合，缺一不可。如果其中一個部分出現毛病，一定會影響整架車的性能，容易造成意外。此外，汽車的車齡和保養的質素都可能影響其性能，導致意外的發生。這也可能是個別司機的個人問題，包括駕駛經驗、訓練、態度、駕駛時的精神狀態等……。

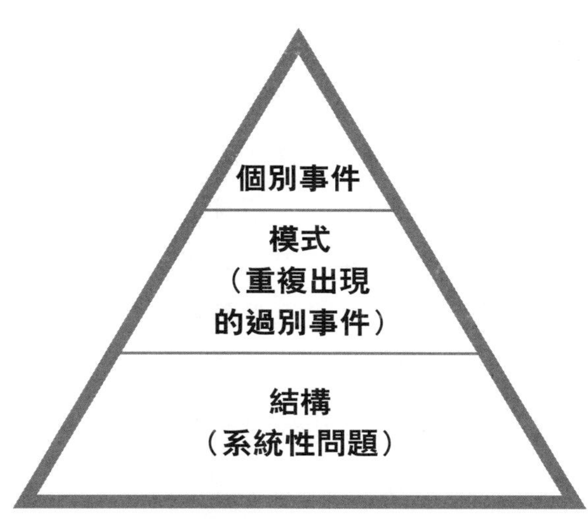

模式 (patterns)

只發生一次的意外，可能歸納為「個別事件」，但如果是接二連三的發生就值得注意，即使看起來是毫無關係的個別事件，其實並非是巧合的，它可能已經成為一種「模式」，模式就是好像習慣一樣，人們會不知不覺的跟隨模式去做；換句話説，如果不找出當中的相似之處，發現它的運作模式，事故是會再三發生的。

結構 (structures)

意外的發生是與四周的其他因素相輔相成、互相影響的，例如司機的駕駛技術和態度、其他駕駛者的技術態度、行人橫過馬路時的方法、道路的設計、斜坡的弧度、有沒有足夠的指示、防撞設施和緩衝區域的設計、地面的防滑裝置、地面濕滑情況等因素。

從更闊的層面考慮，其他因素也會影響意外的發生，例如交通罰則、社會輿論、天氣變化、警方的執法方式、立法機關是否重視這些輕微意外、立法程序、社會氣氛……每一個因素都構成了系統互相影響，而且每一個因素本身都是一個獨立的系統，都有着複雜的內部結構，各個系統之間的互動，形成千變萬化、千絲萬縷的關係網。

如果不考慮這些組成結構的元素，單單只着眼汽車的設計，或者只針對駕駛者，意外必定會不斷重演。

「事件」、「模式」、「結構」把整個交通事故結合成為一個更大的、較整體的系統，以宏觀的視野來處理問題，才能夠做到治「本」的目標；如果只是目光短淺的只集中處理個別的事件，僅能治「標」，無法長遠。

像冰山一樣，「事件」是露出水面的部分，而「結構」是較深層的，絕大部分是存在於冰山的下面。對於個人而言，是存在於人的大腦的深處，正如彼得・聖吉教授所指的心智模式 (Metal Model)[15]。結構就好像一個黑盒子 (black box)，是潛藏在底層，它是「視之不見、聽之不聞、搏之不得」，但又卻實實在在的存在着，而且更是一雙無形之手影響着整件事件。而事件、模式和結構之間的相互關係，就組成了一個系統。

要瞭解這堆東西是甚麼，必須要瞭解它們之間是如何運作和互相影響，只專注於其中一個單獨的部分而忽略整體互動，是無法洞悉它運作的規律，更談不上瞭解明白，從而找出解決問題的方法。從上面幾宗交通意外的事例來看，只是單獨分析「個別事件」，而不是研究發生意外的「模式」和深層的「結構」，這是不會發現原來在該路段的意外是有着潛藏的規律的，如果不予以較整體的考慮和處理，意外是接踵而至。

我們可以再思考在日常生活中的其他事例。

公司的營業額正在下降：

- 第一季由於兩位表現出色的營業員相繼離職，所以營業額下跌。

---

15 Peter Senge 著《第五項修煉》，郭進隆翻譯，中文版由台灣的天下出版社出版，201-211頁。

- 第二季剛好遇上颱風季節，而且今年的暴風特別多，減低了消費者的購買意欲。
- 第三季時，附近開了兩間新的店鋪，競爭對手多了，分薄了客源。
- 第四季，是聖誕節購物旺季，但今年天氣較暖，年中入了的冬天貨品似乎不太合適，這是預料不到的。

「所有事件都是個別事件，都是難以預測的，不是我可以預計得到的，真是天意！」如果你是老闆，你可以接受下屬這些解釋嗎？這些事件是偶然發生的，還是有其規律模式的呢？當中是否會有其他更多、更闊、更大、更深層的系統存在，而你是發現不到，或者視而不見？

如果看不出當中的深層結構，看不到各個因素之間的關係，只是歸罪於個別的事件，或者是外在不能控制的環境因素，「不幸」的事情絕對會不斷出現。如果視覺只集中在個別的事件，將精力資源投放在那裏，那深層的模式和結構的部分就是「盲點」。

然而，絕大多數人都習慣了只採用單一的位置（Single Position）、單一的角度（Single Angle）、單一的心態（Single State）、單一個的平台（Single Stage），我們稱之為SPASS的方法來看事物。所以，在這些局限之下，我們只看一向看到的，只接收到事物的片面資訊。

假設這張系統的網編織成為一個大的圓球體，如果我們只從球的「左面」或「右面」、「上面」或「下面」、「內部」或「外部」、「近點」或「遠處」來觀察，結論都只是看到它的其中一個部分，卻不能看到它的全部。還有，我們也習慣在某個單一的時刻(Single Point in Time)看事情，我們看到事情發生了，卻看不到「之前」和「之後」所發生的事情，所以都把它歸納為「個別事件」，而忽略了它的運作趨勢和整體模式。這正是問題的根源。由於系統的複雜性，令我們不斷「看漏」和「看錯」，不了解系統的運作，一錯再錯的蠢事亦由此而起！

*　　*　　*

「系統式思考」(Systemic Thinking)可能更加接近Holons這個字的真義，「系統式思考」意味着不單只要從每一個單一的角度看問題，同時也是「全部」、「完整」和「完全」地瞭解事情。即是說，我們盡可能觀察審視一切，包括所有元素、所有零部件、所有組成元件、所有步驟、所有連結、所有整體系統內外的小系統，整體/部分的都逐一瀏覽細看。

把所有整體和部分相加，就是事物的Holons，整體和部分之間因為有互動的關係，結成了一張錯綜複雜的網，形成了系統。

世界千變萬化，我們面對的挑戰和衝擊也越來越大，整個/部分的世界已經被串連在一起，這張由大小不同Holons所結成的網，變得越來越緊密，而且在不斷的擴張，即使是在老遠的地方發生的事情也能夠影響到我們的生活。譬如，遠在中國北部地區的供水情況緊張，也能影響我們的市場日用品的價格；北美洲的銀行次按問題，也引致香港的利率波動。

這一切的事件雖有時空的差距，但其實它們都息息相關，且每次運行的模式相同，每個環節都相互影響，這些影響通常是隱匿而不易被察覺的。惟有對整體、而不是對任何單獨部分深入地加以思考，你才能夠瞭解暴風雨的系統。

系統式思維就是一種思考模式，讓我們不但見到個別的事物，找出一些可以遵循的規則，理解事件的狀況和如何發生，而且更能看清事物的深層系統、互動關係和形成問題的潛在根本結構。它可以使我們在遇到「問題」時，能以更清晰、更宏大的視野，綜觀全局，而不是傳統教育的分割式的思維模式，以為可以將所有拆散的問題逐一解決。

總括而言，就是在觀看事物時，以較全面的視角，看到的比平時更多、更廣、更深、更遠和更闊。由於看得夠廣，所以較易得到洞察力、靈感，以至解決問題的方法！同時，也發現到事物的Holons。因為愈發現更多層次的Holons，就愈接近事物的真實。

在現今複雜的世界，問題發生了，是不可能只處理個別不相關的組成部分就可以有效解決。我們需要一套更能辨清問題、看通全局的思維技巧，系統式思維為我們提供了綜觀全局的新視野，更讓我們在處理棘手的難題時，可以看清楚箇中的互動關係，理解到底發生了甚麼事情，不至於盲目行事，令已經是錯綜複雜的系統更加添煩添亂。

回應上文，為甚麼「好心會做出壞事，善良的政府會導致災難後果」？這就是因為系統有上述的特性，而世人只看到部分而看不到整體，引發一連串好人做壞事、聰明人做蠢事的現象。

方法3

人理、事理、物理

——凡事總會有三種道理

中國在二千年多前已經建立了一套非常完備的系統式思考架構。二千五百年前的《周易》就闡述了世界是一個整體的系統模式，同時也是非常動態和循環的架構，它是以八卦為基礎，八卦重疊為六十四卦，再衍生為天地萬物。

墨家思想運用了具體的方法去實踐系統式思想的原理；而道家思想更是中國古代系統式思維的集大成者，老子用系統概念來考察自然現象，強調天人合一的觀點，自然界是一個循環和多元的系統，人類的身體和心靈內外都是一個統一而不可分割的整體。

東漢時期的一位學者劉劭寫了《人物志》一書，是中國第一本人事管理學的專書，強調人才是必須要有全面、整體的世界觀、多元的知識和思考能力，他曾說：「**夫理有四部，若夫天地氣化，盈虛損益，道之理也；法制正事，事之理也；禮教宜適，義之理也；人情樞機，情之理也。**」劉劭認為人才必須懂得妥善處理世事萬物的四部之理，包括道理、事理、義理、情理。

道理：即天道變化和盈虛消長的道理，此是形而上的學問，也是西方所謂的物理學的知識。

事理：即法制、政事的道理，此當屬於政治哲學及歷史哲學的範疇。

義理：這是個人行為操守和道德層面的事宜。

情理：即人情世故的道理，這是屬於心理分析或者社會心理一類的學問。

近代哲學大師牟宗三總括了中國人看事物的方法，中國人認為凡事都最少有三個角度來看，單從物理的觀點看世界是不足夠的，「物理」是科學所研究的對象，即物理事件（physical events），或物理現象（physical phenomena），是相對靜態的、機械化的自然法則；但要全面了解一件「事件」，就須同時了解其「事理」，那就是「事」、「物」和「人」三者之間的關係，所以他認為「事理」不能用"event"一字去翻譯。似乎當該用"human affairs"。事理是動態的，是有其歷史性和因果關係的，而且也是獨一無二，不能重複的，物理和事理結合才能夠觀察到事物的真象。

中國的系統式思維知識，一點都不讓西方人專美。

1994年，中國科學院的顧基發教授和英國苛爾大學商學院（Business School, University of Hull）的華裔學者朱志昌博士提出了一套名為WSR的系統分析方法。WSR是「物理」（Wuli）、「事理」（Shili）和「人理」（Renli）方法論的簡稱，隨後，得到西方學術界的普遍認同，認為WSR是一套簡易、有效的方法來處理複雜的系統問題，西方有些學者稱之為超方法論（Meta-methodology），即是從高處點來審視和處理事物的方法。

顧名思義，WSR系統方法論就是從「物理」、「事理」和「人理」三個角度去理解事物，從而找出一個整全的方案，以解決複雜的問題。

物理——涉及物質運動的機理，是包括物與物之間的關係，是具體的、實體的物品。它亦可以理解為狹義的科學上的範疇，包括物理學、化學、生物、地理、天文等等。以自然科學知識的角度去理解事物，強調「這事件是甚麼？」，注重事件是其真實的、客觀的資料和具體的現象。

事理——指做事的道理，是處理一件事從頭至尾的流程，主要解決的是如何去安排所有的設備、材料、人員，強調「怎樣去做？」，注重事件是如何運作的，是運籌和管理的步驟和方法。就處理「事」的問題來看，要把事情做好，是需要考慮到許多因素的。在這些因素中，若不能掌握關鍵，若不能整體與部分環環相扣，則可能會一事無成，事倍功半。

人理——指做人的道理，處理人與人和人與物之間互動的關係，通常要用人文與社會科學的知識去回答「應當怎樣做」和「最好怎麼做」的問題，當中包括每一個人的想法、價值觀，以及他們對事物的理解，同時亦需考慮事件中每個人或者集團之間的利益損害。人理涉及的範疇相當廣泛，包括世界觀、文化、信仰、情感、習慣、態度、士氣、熱情、知識、智慧、經驗、鬥爭、和諧、管理等等。

但即使是絕頂聰明的人，很多時候在面對人際關係時，都總是一籌莫展，要理解為甚麼「人」會有這樣的行為反應，這是何等艱辛的事情！宇宙萬物的運作是極其複雜的，但都

是在「物理」的範疇，是物與物之間的關係現象，總會有相對客觀的準則，只要有耐性、有知識智慧，加上日益先進的科技，總有一天會解開謎團；但要經營一段良好的人際關係，特別是與親密伙伴的關係，則是艱辛困難得多，「人理」往往是含糊混沌的，所引發出的互動，異常複雜。

簡單地說，形容一個人的通情達理，是「懂物理、明事理、通人理」，就是能夠全面地以WSR的不同角度來審視事件[16]，理清當中的關係。

綜合這套WSR系統，可以歸納為：

在實際生活中，在日常生活中，很多事件可能是符合了規格，完全合法，但卻不合情理，但亦有很多時是情有可原，但於理不合。如何取得平衡？這絕對是一種藝術。

---

16 可參閱顧基發、唐錫晉著《物理—事理—人理系統方法論：理論與應用》，2006，上海新科技教育出版社，13-21頁；以及 Zhichang Zhu "WSR An Institutional Approach to Organisational Studies. 2003, http://www.iss.ac.cn/iss/conferences/mcs2003/P_Zhu_Z.pdf

要成功處理任何「事」和「物」都離不開由「人」去執行，而判斷這些「事」和「物」是否應用得當，也由「人」來判斷，所以系統實踐必須充分考慮人的因素，都應當同時涵蓋這三個方面和它們之間的相互關係。如果只是僅看到「物理」和「事理」的現象，而忽視了「人理」，做事難免變得機械化，缺乏彈性和變通，失去了感情和激情，同時亦難以有創新的念頭，不可能達到系統的整體目的。

但是，如果只是一味地強調「人理」而違背「物理」和「事理」原則，與客觀的現實背道而馳，則同樣會導致失敗。「事」、「人」及「物」是互動的，而且在進行的過程中，本身也在不斷改變形態，難於掌握；是以管物較易，管人、管事則是困難重重！

管理工作在傳統上所面臨的挑戰是，把問題分割成幾個部分去克服和解決，按着各個部分所設定的層級結構，分割地

	物理	事理	人理
內容	客觀物質世界的法則，即：客觀環境、條件、資源、限制。	組織、系統管理和做事的道理，即：怎樣看、如何想、如何做。	人、群體、關係、各人處事方法的道理即：當事人和群體的利益、興趣、信念、價值觀和動機。
目標	格物致知	誠意、正身	修心、齊家、治國、平天下
原則	合格	合理	合情
追求	真實、真理	協調、效率	人性、和諧、效能
焦點	是甚麼(What is…)？	怎樣做(How to…)？	最好怎麼做(Shall we…)？
所需知識	邏輯、自然科學	管理科學、系統科學	人文知識、心理學、行為科學
最理想的境界	博學之、審問之、慎思之、明辨之、篤行之。	毋意無欲、毋必無之、毋固無名、毋我無為。	內省、忠恕求諸己，仁、義、禮、智、信。

處理問題，傳統方法的好處是事件分得清清楚楚，讓人更易於掌握。但是，卻使得各個部分的鴻溝日漸加深擴大，成為各部門之間無法跨越的界線甚至是圍牆。如何消除各組功能間的鴻溝，是使每一個管理者頭痛的問題，也是最困難的工作。

沒有人真正知道甚麼叫真實，因為每人都只從自己的視角看事情。事物的角度越多，便越接近真實。要是我們只從自己的位置看事情，便不能擁有多視角，需要改變位置，才可以用不同視角看事情。

方法4

超然思考

——站得更高，看得更遠

超然思考(Meta Thinking)，就好像廣東俗語所說「想開一點！」，即自己站遠一點來看事物。

抽離與聯繫——從四個感知位置看世界

一位少婦窩居在城中一間黑暗而潮濕的公寓內，她被至親拋棄，被朋友出賣，生活一團糟，世界太冷了，實在找不到任何生存下去的理由，她決定到山上投崖自盡，起碼不會連累其他人。

她租了一部的士(計程車)，出發往山上去。的士離開使她傷心的城市，眼底隨即出現一大片青葱的稻田，濃密的杉樹整齊地排列在山腰，渾然天成，的士再往上走，是一個大草原，她從來沒有想過原來天是可以這樣藍，白雲和鮮花可以拼湊出如此美麗的圖畫，山風夾着草香是無比的清甜，再俯望山下，那個城市竟然是出奇的渺小……。

她深呼吸了一口，想了一想，然後對司機說：「司機先生，對不起，請把我送回山下去，我要尋找另一間新房子。」

這位要自殺的少婦的生命戲劇性地改變了，她以另一種完全不同的視角俯瞰自己的處境，整個世界都好像已經改變了，她決定以另一種態度去生活。

*　*　*

那間黑暗而潮濕的公寓就是她的牢房，也是她自己的思維，如果把自己鎖在自己的思想牢房裏面，只會看見你自己監獄中的牆壁，不能看到上面、下面及周遭的世界，不能察覺到甚麼機會和希望。直到她打開了門戶(她的思想)，離開自己的牢房，才可以看到一幅完整的景象。

愛因斯坦曾經說過，沒有人真正知道甚麼是真實，因為每個人都只從自己的視角看事情。所以，只有從多角度去看事物，才會接近真實。

在身心語言程序學(NLP)的學問中，有一個重要的概念和技巧，是抽離(dissociation)和聯繫(association)，「聯繫」是設身處地，身在其中，直接感受和處理事件；而「抽離」則是像離開了身體般，站在高空的角度來審視事件，獲取對事情的另一種體會和覺察。

當聯繫的時候，我們是從自己的眼睛看事物，從自己的耳朵聽東西，但會被情緒影響，而且視野較小，很容易就感到困頓，被膠着了而動彈不得，好像被鎖在自己的思想監獄裏面似的。通過抽離，可以離開困頓的處境，好像是從自己的身體分離出去似的，以一個更大的角度來審視整個事物。如何做到真正的抽離？我們可以刻意站在不同的位置來看同一事物，看看有沒有新的發現。

第一位置（自我位置）

這是你自身的位置。我們從我們「自身」的位置去感知世界。這是我們大部分人慣常的感知位置。從自己的位置看事情。絕大部分人都習以為常地接受這個位置，因為大部分時間，我們都從這支配性的位置看事情。因此，需要從不同視角才看到的東西，便成為我們的盲點。雖然有盲點，但這位置仍然非常有用，因為由此而得的資訊，是全知面的組成部分，但如果長期處於這視角，就容易被主觀感覺所困，只看到自己，不會考慮其他人的觀點和需要，這是一種重大的盲點。

第二位置（對方 / 他人的位置）

設身處地站在對方/其他人的位置看同一事件，這個位置使我們能夠從對方或者其他人的位置看事物。這種轉換位置的思考方式並非容易的事，但卻令你發現得更多。

• 當你從上司的位置看公司的政策時，你會對那些你認為是荒謬的措施有多一點理解。

• 當你能夠從配偶的角度去思考問題，你們之間因誤解而衝突的機會肯定會大為減少，婚姻的質素亦會提升。

• 當你站在孩子的位置看世界，思考他/她的問題，理解他們在看在想些甚麼，他們與你的距離會因此而拉近。

第二位置可以是任何人，甚至是任何事物。你可以採用你妻子、孩子、上司，或者任何虛構角色的位置。你甚至可以採用一條狗、一部電腦或者一朵花的位置，外界的任何人或事物都可以。當站在這位置的時候，可以感到他人所感的，想到他人所想的，以及看到事情的狀況和其他涉及這件事的人。雖然採用的第二位置越多，便會越是客觀，但是如果長期處於這個位置，很容易看不到自己，甚至喪失了自我，更會引發「交互依賴」(co-dependency)，造成另一種盲點和困局。

第三位置（觀察者位置）

這又稱為超然位置(meta-position)，超然(meta)的含義是處於之上和之外的狀態。超然位置是指從一個想像的位置，一個完全置身於外的位置看事情。你必須置身於其他兩個位置之外，停止所有自己的設想和信念，以便客觀地感知。我們跳出自身，居於自我之上，超出自我存在之外。從一個想像的、與事情全無關連的人那位置，去觀察事情狀況、你自己、涉及這件事的人。在這個位置，你可以看到所有事、所有人。你進入的心態，是「與任何人、任何事無關」。

如何進入他人位置和觀察者位置？你需要有意識地、刻意地在心中抽離自己，才可以進入。要是事情已告一段落，你也可以實質地移進其他位置。重複多次有意識地、刻意地這樣做，便可以終於非意識地、自動地進入其他位置。

移進其他位置其中一個關鍵是：你先要移進觀察者位置，才可以移進他人位置。怎樣從一個位置跳進另一個位置？答案是你必要經歷觀察者位置的轉移！這意味着，當你從任何位置抽離時，要告訴自己：「與任何人、任何事無關。」

這並不僅僅是一個「觀察者」的位置。如果你是一個觀察者，你依然處在第二位置，只是自身之外的某個人。為了到達第三位置，你不能是任何人或者任何事物！但是，我們如何能夠不成為任何人或任何事物呢？又如何停止所有自己的設想和信念呢？這樣做非常不可能。如果我們可以輕鬆做到，那麼，我們本身就已經是神，而不是人類了。一個人不通過任何設想或信念是無法感知任何事情的。感知是外界資訊與一個人的信念和設想發生互動的結果。因此，大部分人說他們處於第三位置，其實只是處在另外的第二位置而已。

超然位置僅僅只是「感知」位置。要處於第三位置，你不需要成為任何人或任何事物。這是關於我們所感知的事情，而並非我們的自我身分。你依然是你，但是你用其他人的角度來看你自己，而那個其他人並不是你。

舉個例子，當我進入第三位置的時候：我還是我自己，而我正在觀看別的某個樣貌類似自己的人行動、思考、談話等等。這與人格分裂並不相同。處於分裂狀態的時候，你依然是你自己；你是在看着你自己行動、思考和談話。

第四位置

第四位置是由身心語言程序學大師Robert Dilts於80年代提出的概念。第四位置是處於整個系統的位置，超出單獨的身分、部分和關係。「我」變成了「我們」。不再存在第一位置的「我」、第二位置的「他/她/它」。所有東西都變成了一個完整的系統。我從我們所有人的視覺/位置看問題。

正如你從上面所看到的，我將第一位置和第四位置放在矩陣的左邊兩個象限，因為兩者皆位於某人或某物的「中間」(Mid)。第一位置是「我」的中間，而第四位置是「我們」的中間，亦即我們分別從「我」和「我們」的框架內進行感知。因此，左象限是中間象限(Mid-Quadrants)。

如果第四位置是從「我們」框架的內部看事物的話，那麼，就會存在另外一個從上方或外間看「我們」的位置，亦即「超眾」(Meta-We)，在這個位置，我們可以看到整個系統的思考和運作，可以稱之為第4.5位置。

矩陣的右象限是超象限(Meta-Quadrants)。第三位置超於第一位置，而第四位置則超於第三位置。因為兩者都是超然位置，所以，最好不要再將第三位置稱呼為超然位置，以減少混亂。而且，令事情變得更加混亂的是，第五位置也是另外一個超然位置，這是一個超然於「時間」的位置，在「時間」之外看事情發展的前因後果。

由此，你可以想像，世界上每個人彼此之間會有很多矩陣在進行互動。你可以進入自己矩陣的不同象限，也可以進入其他人/其他事物矩陣的不同位置。這便創造了靈活性和由此而來的各種各樣的選擇！

方法5

格物致知

——每事問到底

二千多年前，孔子就認為做學問的首要條件是抱持靈活權宜的求真態度。

《論語．子罕》中曾説過，做學問的四種基本態度是「*毋意，毋必，毋固，毋我*」，即是：不作沒有根據的臆測、不要武斷地認為世間的事物是必然的、不要固執己見、不要抱持自我中心的態度。這樣就可以把事物看清楚看通透。

《中庸》第二十章亦指出，真正追求真理的人，是要做到：「博學之、審問之、慎思之、明辨之、篤行之」五個基本的環節，也是為學的幾個遞進的階段。如果缺少一環，學問就會有偏頗，不夠全面。

博學之——為學首要的階層是廣泛地獵取知識，看得夠多、夠深、夠全面，要博大和寬容。

審問之——為學的第二階段，有不明白的時候，就要追問到底，要對所學加以懷疑。

慎思之——審問過以後還要通過自己的思想來仔細考察、分析，否則所學不能為自己所用。

明辨之——學問沒有經過「明辨」這階段，所得到的所謂學問都只是魚龍混雜，真假難分，良莠不分。

篤行之——是為學的最後階段，就是既然學有所得，就要努力實踐，用行動來實踐所學，進一步驗證真偽，做到「知行合一」。

程頤倡議：「今日格一物，明日格一件，積習既多，脫然自有貫通處。」

能夠通透了解每一件事物的運作原理，明瞭事物與事物之間的關係，就可以更加接近學問甚至人生的真理。「事實」只能從量度、觀察、邏輯推理中取得，此亦即是；單憑道聽途說的所謂事實，絕不能解決現實世界的複雜難題，它只能令問題解決得順利一點而已！

「今日格一物，明日格一物，豁然貫通」的精髓在於「每事問」，而且是廣東俗語所說的「打破沙盆問到底」的問；而「格物」同時也含有「每事問」的意思。

而「即物而窮其理」就是要審視每一個角度，看到整體也看到各個部分，不要遺漏任何一個細節，從親自觀察中，取得第一手資料，而非第二、第三手資料，而且不道聽途說。事實只能從量度、觀察、邏輯推理中取得，這亦即是格物致知的道理；單憑道聽途說得回來的資料，絕不能有效解決現實世界的難題！

*　*　*

無論是「問人」或者是「問己」，正確的答案往往是由正確的問題開始，越問得深入，範圍越廣，得到的資料就會越多，選擇也會越多，錯誤失敗的機會就會越少。要避免眼睛受到蒙蔽，可以看得更多、更深，首要的條件就是不要滿足於一眼就可以看到的表面答案。

「問到底」的目的是找到足夠的資料，而要找到足夠的資料，最好的方法是抱着「打破沙盆問到底」的態度，從而累積更多的資料，當資料越豐富，真正的答案便越容易浮現。

同時，要盡量減少用只能答「是」或「不是」的封閉式問題，只有開放式的問題才可以從中找到更多的資料。當然，也不要有預設的答案，更避免引導性的問題，提防把自己的假設和價值觀強加於問題內，因為這只是把自己的答案放在別人的口中說出來而已。

*　　*　　*

能洞悉盲點的提問基本上有以下幾種：

1. 澄清式問題——避開模稜兩可的情況，使問題更清晰
   - 「事情是如何發生的？」
   - 「是甚麼原因導致這事情發生？」
   - 「是甚麼原因要非這樣不可？」
   - 「請再說詳細一些？」
   - 「還有呢？」
   - 「剛才你說的……是指甚麼？」
   - 「是甚麼阻撓我們？」

2. 探索式問題——產生更多新的觀點，以及有新的發現

- 「如果這樣做，可以預期會發生甚麼？」
- 「可以想出其他選擇嗎？」
- 「還有呢？」
- 「如果……會如何？」
- 「還有其他方法可以達致效果嗎？」
- 「有哪些資料是遺漏了的？」

3. 挑戰假設的問題

- 「是甚麼原因要非……不可？」
- 「……有甚麼重要？」
- 「是甚麼使你相信事情就是這樣？」
- 「如果……真的達成了，會為你帶來甚麼？」
- 「是甚麼原因使你相信這想法是對的？」
- 「這信念合理嗎？」

4. 反思式問題——進一步省思、探索和説明

- 「是甚麼原因造成的？」
- 「有甚麼證據支持這個觀點？」
- 「證據合理嗎？」
- 「還有其他證據嗎？」
- 「還有其他結論嗎？」

「學、問、思、辨、行」及「格物窮理」是指要對事物作無窮盡的追問探究，這是做學問的必須環節，這也是中國二千

多年來的系統式思考觀。程頤和朱熹提倡以「格物致知」為求學和做人的標準，朱熹認為：「**所謂致知在格物者，在即物而窮其理也。**」把事物審視得詳詳細細，清清楚楚，通通透透，自然就會找尋到當中的道理，減少盲點。

方法6

批判思考
——未經審視的不值得相信

「批判」一詞最先出自古希臘，後來發展為英語Critical，這個字出自兩個不同的拉丁字根，分別是Kriticos，即識別判斷（discerning judgement），另一個是Kriterion，解作準則（standards），所以「批判」可以解作：根據一些已確實的準則來識別判斷事實的真假對錯。

以下是一篇從網絡上搜尋到的文章，這文章已廣為流傳，題目是：「嚇死人了，一定要看，而且要傳給親朋好友！」

「我們天天使用的自來水，會給我們帶來多大的危險？請看看下面的實驗：

1. 用兩個玻璃杯盛兩杯自來水。
2. 將兩、三根手指伸入其中一杯自來水中攪拌二十餘秒。
3. 分別將「餘氯試劑」滴入兩杯自來水中。
4. 結果，以手指攪拌過的那杯自來水毫無反應；未攪拌過的那杯水，呈現黃色反應。

因為看到某一個官方網站說過這件事，我親自重複做了同樣的實驗，實驗的結果如上述，完全證明了自來水中氯氣過多的事實。

這個實驗說明了幾件事：

1. 我們使用的自來水中，加了許多的「氯」來消毒。
2. 我們的皮膚暴露在含氯的自來水中，只要短短的二十來秒(甚至更短)，就吸收了水中所有的「氯」，尤其是洗澡時，我們的身體大量吸收了自來水中的氯氣。
3. 若我們使用含氯的自來水洗滌蔬果食物，氯就轉移到蔬果食物上，進入我們體內；當然，飲用自來水時，氯也一樣進入我們體內。
4. 自來水中的「氯」，確實透過各種方式進入我們的身體。

那麼，「氯」對我們的身體到底有沒有害處呢？

我查了相關資料，證明「氯」是一種有毒的化學物質，可經由食物的攝取，也可經皮膚吸收而對人體產生影響。包括膀胱癌、肝癌、直腸癌、心臟疾病、動脈硬化、貧血症、高血壓和過敏等症狀，都和氯有關。

另外，根據美國南加州阿那罕(Anaheim)市所召開的美國化學協會會議指出：長時間沖洗熱水澡對健康而言是一種傷害。沐浴時人體直接暴露在「氯」中，這種有毒的化學物質會直接由皮膚吸收，而且洗澡時所吸入的氯高達6到100倍，其含量比喝入人體的多得多。

天啊！這有多危險啊！

建議每一個人都進行和我一樣的測試，瞭解你家使用的自來水含氯量有多少？也把這個訊息傳給所有的親朋好友。」

*　　*　　*

你相信這些言論嗎？作為一個理性的批判思考者，起碼會詢問以下幾個問題：

1. 「會給我們帶來多大的危險？」——這個問題很明顯是訴諸情緒的言詞，作者到底想説服我些甚麼？
2. 「看到某一個官方網站」——到底是哪一個網站？官方是指哪一個官方？權威性有多大？我們是否很容易瀏覽到相關的資訊作為參考？除這個網站之外，有沒有其他的資料來源？
3. 「我親自重複做了同樣的實驗」——「親自重複」即是多少次？自己做的實驗是否合乎科學化的原則？有多嚴謹？有沒有其他相關的數據支持你的發現？
4. 「自來水中的『氯』，確實透過各種方式進入我們的身體。」——這裏所指的「確實」是有多真實？「透過各種方式」，究竟是指哪些方式？證據何在？
5. 「我查了相關資料」——你是如何查察的？相關資料是指哪些？可否詳細列出？
6. 「根據美國南加州阿那罕 (Anaheim) 市所召開的美國化學協會會議指出——這個協會是一個怎麼樣的組織？有多少代表性？它做過些甚麼使你認為是可信？

7. 「長時間沖洗熱水澡對健康而言是一種傷害」—— 長時間到底有多長？時間多久才沒有傷害？
8. 「天啊！這有多危險啊！」——作者重複運用這種訴諸情緒的言詞，到底想説服我些甚麼？讀者要更加警覺！

*　*　*

顯然，這是一篇謬誤百出的文章，作者訴諸了不少説服的技巧，頭腦不夠清醒的話是很容易被蒙蔽的。如果懂得批判地發問的話，謬誤就無所遁形。

資訊每天排山倒海而來，報章、雜誌、互聯網、電視及電台等大眾傳播媒介所發放的報道和廣告訊息，眾説紛紛，雜亂無章。政客、廣告商、野心家、極權統治者無時無刻都在利用各式各樣的言論和宣傳工具，希望使群眾相信他們的説話，直接或間接地達成他們的目的。如何才能分別真偽？到底怎樣才可以解開迷思、分辨是非黑白呢？保持頭腦清醒，培養獨立的批判思考能力，懂得篩選資料，才不會被混亂的資訊所蒙蔽，變得人云亦云，唯唯諾諾。

*　*　*

批判思考本質上是有三個意義：

1. 深思熟慮的 (thoughtful)
2. 探索、追根究底的 (inquiring)
3. 反思的 (reflective)

「批判思考」是一面照妖鏡，是訓練我們在思考時，能夠保持理性、謹慎和開放的態度，克服個人的偏見和盲點，糾正錯誤，在眾說紛紜的不同觀點中，分辨出當中的合理性及澄清謬誤。批判思考不單是一種思考的方法，更是一種生活的態度；它能減少局限，從而令人作出合理的決策和正確的選擇，免被蒙騙。

在批判的過程中，我們應該同時扮演以下三個角色：

淘金者——在一大堆雜亂的沙粒中找尋值錢的黃金粒，在雜亂的文字和語言中理出頭緒，找出當中有意義的內容。

偵探——運用有系統的方法，評估所見所聞，找出疑點，理清含混之處，抽絲剝繭地找出值得相信的證據。

法官——在處理事情或信息時，必須關注它們的合理性、準確性、可信性、真實性及相關性等，以作出自己獨立的判斷和結論。

很多看似真理的觀點都可能是站不住腳的，可是卻不是一眼就可以看得出，必須要像偵探一樣，大膽出擊，小心求證。偵探是怎樣查案的呢？

1. 沒有預設答案——保持中立的態度，是不贊成也不反對，不會有先入為主的框框。
2. 避免情緒化——感情的投入應該在推理之後才有。
3. 批判式發問——批判式發問是最好的偵探策略。

批判式的發問策略

1. 這是一個甚麼的議題？

____

2. 對方想說服我些甚麼？

____

3. 理由是甚麼？

____

4. 有沒有曖昧不清的措辭？

____

5. 對方的立論有證據支持嗎？

____

6. 證據的來源是甚麼？

____

7. 證據合理可信嗎？

____

8. 有沒有其他資訊被遺漏了呢？

____

9. 有沒有其他合理的結論？

____

當政客、廣告商、鄰家的二叔、三姑、四嬸、辦公室的某某向你說出一大堆似是而非的言論，向其他人說長道短，企圖要說服你些甚麼時，不妨運用這些批判式的發問策略，看看他們如何拆招，他們的謊言是怎樣不攻自破。盲點最為常見的一個原因就是未經思考就作出判斷。如何才能不易被蒙蔽？就是作出任何判斷之前，都要思而後決 (think before judge) ！直接提問，嚴謹判斷，認真思考。否則，我們不但成為了盲點的受害者，也變成了盲點的傳播者！

方法7

圖像思考

——圖像勝過千言萬語

據《聖經》中的記載，上帝創造了亞當的時候，給他第一個任務是要他把所有動物命名，上帝告訴亞當，當他完成這個任務之後，就會成為一切飛鳥走獸的主宰。

*　　*　　*

文字語言是稱霸世界的關鍵，在上帝創造世界的藍圖中，掌管萬物的能力並非甚麼尖牙利爪、飛天遁地等絕技，而是語言能力，而「命名」，即說話和文字的能力更為重要。只有人類才可以發展出「命名」的能力；歷史上，語言和文字能力越強的民族，文明的程度越高，國力就越強盛，影響力就越深遠。傳統的教育系統，無不以文字和說話能力為最重要的傳遞媒體。在學校的教育中，學生都是先學會說話，然後學會閱讀和寫作，這是教育成才的關鍵，也是衡量成就的重要指標。

我們從小就學習以文字來思考，在這個認知過程中，大腦被訓練到會自動將看到的東西命名，把要輸入腦內的事物都附上一個單字或者符號，然後自動尋找熟悉的檔案，或者與早已存檔的已被命名的事物，加以聯繫，然後儲存，這是人類基本的認知學習方式。

矛盾的是，我們大部分的資訊都是以圖像的方式輸入，圖像視覺才是嬰兒最早發展的感官功能，嬰兒早在具備言語能力之前，大腦已能積累大量的圖像，並且能以圖像的方式去理解每一件物件。在未具備語言和文字能力之前，嬰兒是用圖像方式儲備資訊，並且萌生出豐富的抽象思維的能力。

語言思考的缺陷

文字和說話是左腦的能力，圖像思維是右腦的專長，如果你問：「是文字思維的功能好，還是圖像思維的功能較佳？」這問題就好比要問是左腿走路較好，還是右腿走路較好一樣，是沒甚麼討論價值的，當然是兩條腿走路最好。圖像和文字能力好像左、右腿一樣，是互相支援、互補不足的。

用文字語言來思考也帶來了很大的缺失，請看看以下的圖畫：

圖 1

當我們用文字進行思考的時候，我們的大腦將看到的東西變成了文字，就如下圖：

圖2

當圖中空白的部分找不到合適的單字來指示或者形容，大腦就無法用文字表達，因為這部分無法分類，所以便不能存檔和分析，因此就會被忽略，我們也無法取得這方面的資訊。

用文字來思考的缺點就是看漏了東西，看不到事實的全部，這看漏了的部分就是「盲點」，而個人常常做出錯誤的決定，往往是由於認知不到自己的盲點，看不到自己應該看到的東西。在傳統教育的社會裏，不會閱讀和寫作會被認定為文盲，但在這個以圖像為重心的資訊型世界裏，不會用圖像去「觀看」，很可能會成為「圖像文盲」。

圖像思考的工具

圖像思考絕對不可能取代文字思維，但可以補救文字思考的缺點，就好像在野外行山時拿着地圖一樣，地圖可以幫你從高空審視四周的環境情況，但它不可能代替真實的情況。利用地圖，可以幫你看到更大的畫面，看得更多更全面，出現錯誤決定的機會相對會比較少。遺憾的是，在傳統的教育歷程裏，根本沒有任何科目教導我們如何運用圖像來思考。

坊間教授圖像思考的工具多如牛毛，有的非常有效和實用，有的則是魚目混珠，對解決系統問題沒有多大幫助。由於本書無法把圖像思考的工具一一介紹，我們將重點介紹「豐富圖」(Rich Pictures)，因為這種工具是主要設計來處理複雜的系統操作問題的。

豐富圖

「豐富圖」是在80年代初由英國蘭卡斯特大學（Lancaster University）系統管理學教授比得・卓蘭（Peter Checkland）創建出來的圖像思考工具，卓蘭教授因提出軟系統方法論(Soft Systems Methodology)而享有盛名，軟系統方法論是用來應付異常複雜的系統管理問題，它是利用系統的方法，建立完整沒有遺漏的流程，選擇和整理相關的概念模型，以進行自由分析，然後，通過對實際世界和想像流程的比較和整合，作出準確的決策[17]。

17 Checkland & Scholes, "Soft System Methology in Action, 2001, John Wiley & Sons Ltd., England.

在思考的過程中，如何收集、整理、展示相關的資料，往往是成敗與否的關鍵因素。

「豐富圖」是把繁複的議題(issues)[18]和構想用圖像化的方式記錄(record) 和再現(evoke)出來，當中亦應用了多種有助思考和視覺化的技術 (visualization techniques)，如視覺式腦力激盪(visual brainstorming)、意象運作(imagery manipulation)，以及創意造夢法(creative dreaming)等。

在繪製「豐富圖」時，盡可能描述各種複雜的狀況，嘗試對佈局、聯繫、關係、影響、因果等因素作仔細的描繪，不要有太多的限制。在這些漫畫式的陳述當中，除了展示客觀想法之外，也可以描述主觀的因素，諸如事件的前因後果、各個人物的性格特點、各種觀點和見解、精神和人性等等，並作出詳細的說明和闡釋。

步驟：

1. 確定議題。
2. 尋找事件的架構要素，包括在事件和狀況中隨着時間推移改變相對緩慢、穩定的部分，或許是人群、場景設置、命令層級等等。
3. 尋找事件內的程式要素，包括那些處於變化狀態的要素，如正在進行的各種活動。
4. 尋找架構與各程式之間互動的方式途徑，即架構與各程式

---

18 Horan.Pat“A New and Flexible Graphic Organizer for IS Learning : the Rich Picture” 2002,.horan@ironbark,bendigo.latrobe.edu.au

之間相互聯繫的方式。

5. 檢視圖像，看看有甚麼缺漏。
6. 依圖像作詳細解說（debriefing）。

簡單地說，繪製「豐富圖」，就是盡量畫出事件的所有組成的元素，並列出它們之間的關係，從而豐富自己的思維。

基本工具：

- 圖案符號（pictorial symbols）
- 關鍵字（keywords）
- 漫畫（cartoons）
- 草圖（sketches）
- 符號標記（symbols）
- 標題（title）

注意事項：

1. 為了便於說明事件和狀況，可選用能夠表明狀況的符號、場景或圖像。在必要的情況下，盡可能使用圖像、符號和多種顏色，使用大張的紙來繪製有關符號標記。
2. 在所繪製的圖案符號之間加入聯繫符號或者關鍵字。
3. 避免過多的文字描述，可以精簡文字作歸納總結，這將有利於向其他人溝通和解釋整個圖示。
4. 盡量列出所有相關的組合和有關的所有要素，將自己所觀察到的或者從初步調查中收集到的資訊呈現出來。
5. 只有當你無法使用圖像符號來總括你的意思時，才求助於文字描述。

6. 根據自己的本能和直覺，盡可能將要素羅列在紙上合適的位置，稍後你或許發現，位置本身會包含着重要的資訊，有助延伸更多新的概念。
7. 圖示除了展示事件和狀況的實際資料外，還應包含大家的主觀的想法。
8. 查看狀況當中包含的、由那些所涉人員賦予意義的社會角色。
9. 查看處於這些角色之中的人員期望的行為種類。如果你看到當中有任何的矛盾衝突，請作出詳細的說明。
10. 在過程中，應該是色彩繽紛和充滿樂趣的。

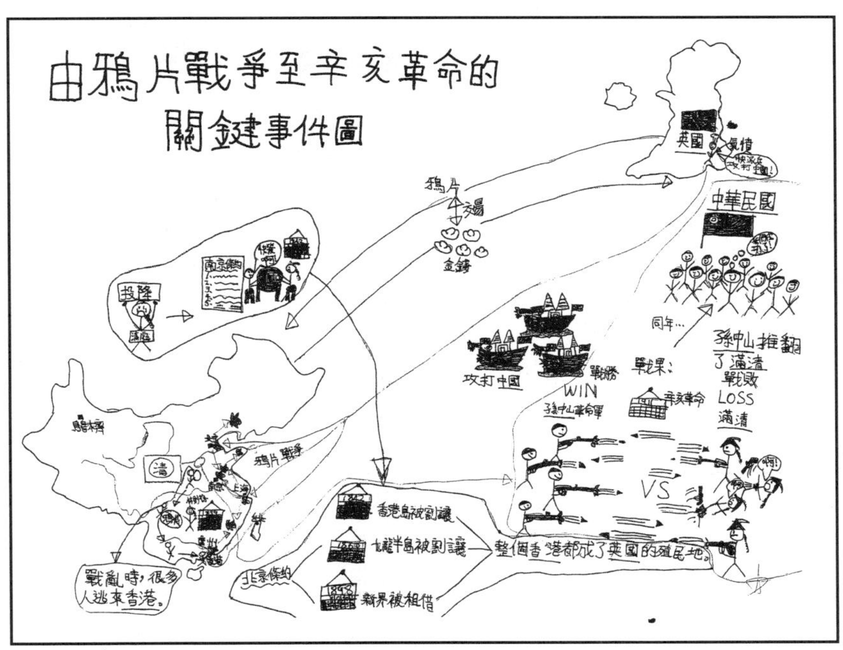

圖例一：一名小學五年級的男生把由鴉片戰爭到辛亥革命的關鍵事件，以圖像方式展示。他在製圖過程中可以把複

雜的歷史資料重新排列，令他可以更清晰地理解。他形容這好像是自己製作戰爭遊戲 (war game) 的說明書一樣，原來歷史科也可以充滿樂趣的。同時，老師亦可以從中知道這位學生在這學習過程中，缺漏了哪一個部分，錯誤理解了哪一個部分，然後作出糾正，這也是教育界一直倡議的建構式學習 (structural learning) 的元素。

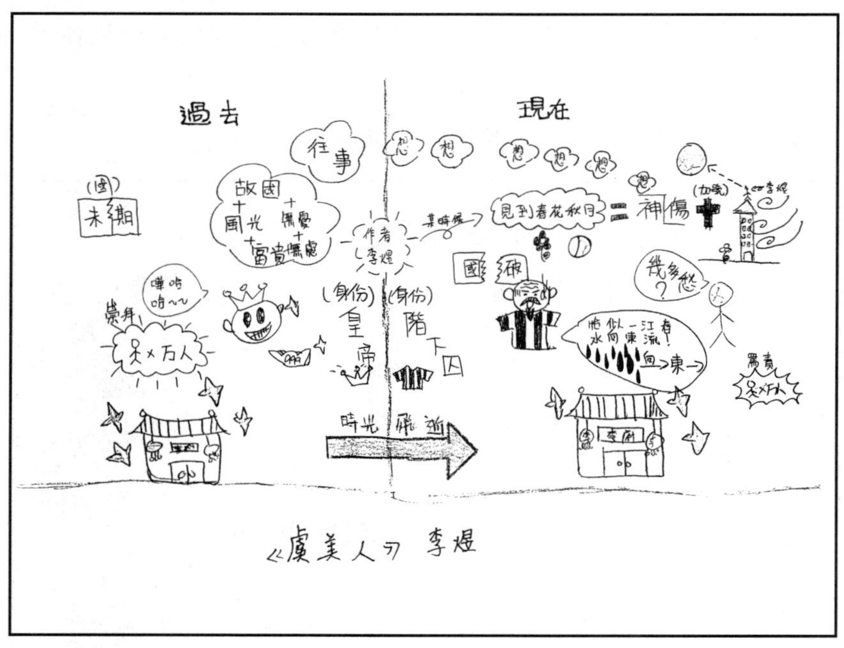

圖例二：一位中學三年級的女學生利用圖像幫助理解李煜的《虞美人》這課文，如電影般的畫面，充滿了浪漫的少女情懷，卻能忠實地表達出原文的意思。

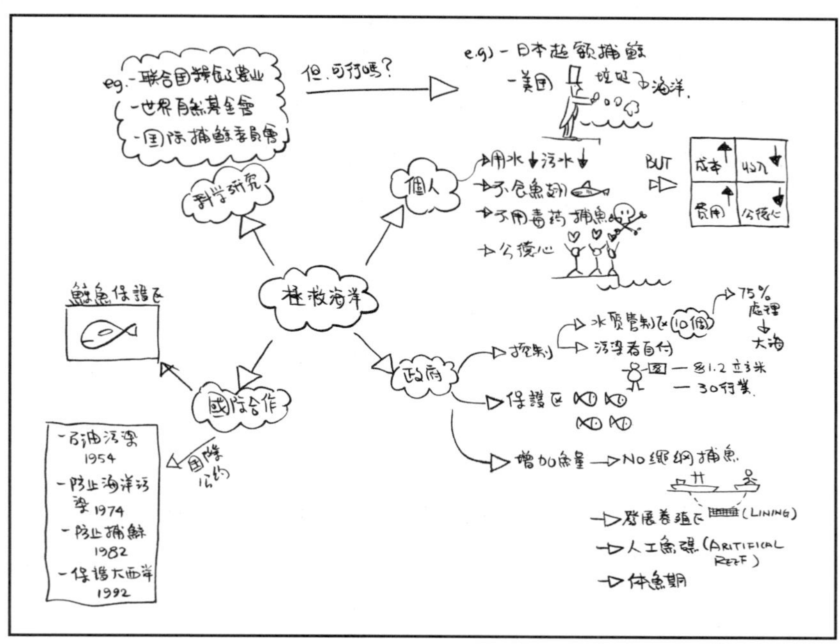

圖例三：筆者曾經和一班中學生討論保護海洋生態的議題，然後製作豐富圖，這是一個相當複雜的議題，單以文字來傳譯是很難解明白的，如果是一邊討論，一邊繪圖，就會有效同時亦有趣得多。此外，日後要回想或者重溫這個議題時，也會更為直接和簡易。

歷史上成功人士甚至是曠世天才的思考方式都是非常圖像化的， 他們都是主要用眼睛來思考，視覺圖像能夠在最短的時間內收集最多的資訊方法。像藝術家一樣的眼睛看事物，去觀察事物的小節，去分解物與物之間細微而和諧的變化，在平凡之中看到驚喜，看到別人看不到的角度和美態。

愛因斯坦是一個具有高度視覺的人，他曾說過：「思考就是當記憶的畫面湧現，形成一系列連續的畫面，不斷重複，把這些相關的，以及完全不相關的畫面連結起來就是一個概念。我們所有的思考，本質上就是不同概念之間的自由互動。」青少年時期，有一連串的問題一直困擾着愛因斯坦，他把這些問題化成了圖像：「如果人可以追上光速的話，世界會變成甚麼樣？」「人們可否坐着光速旅行？」

另一位偉大的科學家，大爆炸及遺傳密碼理論的提出者，美籍俄裔物理學家伽莫夫，他的漫畫非常出色，他更為自己的科學著作繪製插圖。

1965年諾貝爾物理學獎得主，美國科學界的明星費曼，是一個放浪不羈的鼓手，一場只由他一人鼓聲伴奏的芭蕾舞贏得全美舞蹈設計大獎和巴黎舉行的世界比賽第二名，同時他亦熱衷於繪畫創作，他的個人畫展也曾經令當代畫評家為之驚訝。

方法8

行動後學習

——不斷行動，不斷反思

在戰場上，軍人出生入死，處於千變萬化的迷局當中，不是殺人就是被殺，軍人可能有着比普通人更大的盲點，如何訓練軍人在困局中仍能保持冷靜，理性分析戰局，並能隨機應變從中學習？這絕對是重要的決勝之道。軍人在每一次行動之後都需要作出檢討，從中學習，在下一次戰鬥行動中取得更大的勝利。

行動後學習（AAR）

美國陸軍採用了一套名為「行動後學習」(After Action Review)[19]，簡稱AAR的檢討策略，以不斷強化軍隊的戰鬥能力。對美國陸軍來說，使用這種方法的好處是當有新的理解時，可以馬上回應到行動上，他們使用AAR解決了許多問題。AAR是使參與者自行發現到底發生了甚麼事、為何發

---

19 可瀏覽Air War College 的網頁，當中詳細介紹AAR的操作流程。
http://www.au.af.mil/au/awc/awcgate/army/tc_25-20/chap1.htm

生，以及如何維持優點，並改進缺點。例如，當一隊軍事小組奉命進入一間小屋進行拘捕行動，據情報顯示，屋內敵人人數不多而且沒有大型武器，但當隊員企圖衝入去執行任務時，卻遭到異常猛烈的還擊，對方的火力超乎原先預計，我軍反而處於下風，怎麼辦？

AAR的討論歷程有助於看清楚現況，然後重新部署，準備反擊。小組隨即進行快速精簡的討論，討論是根據結構化步驟來進行，通常只會包括四條簡短的問題：

問題一：「**原本行動的意圖是甚麼？**」("What was the intent?")
行動的意圖或目的為何？當初行動時嘗試要達成甚麼？要怎樣達成的？

問題二：「**發生了甚麼事？**」("What happened?")
實際上發生了甚麼事？跟原先預計的差距有多大？為甚麼？怎麼發生的？

問題三：「**從中學到甚麼？**」("What have be learned?")
從過程中學到了甚麼新東西？如果有人要進行同樣的行動，我會給他甚麼建議？

問題四：「**現在可如何行動？**」("What do we do now？")
接下來我們該做些甚麼？哪些是我們可直接行動的？哪些是其他層級才能處理的？ 是否需向上呈報？

然後是「**落實行動**」(action taking)，當行動過後，根據現場實地環境而有需要作出變化時，會重新召集再次進行新一輪的AAR，直到完成任務為止。最後，不要忘記總結經驗，檢視從中學到甚麼。

最後是「**與別人分享**」(tell someone else)。

*　　*　　*

AAR的過程要快速和簡單，同時也是一個周而復始的過程，它是不會有最終完結的一刻。AAR跟傳統的工作檢討有很大分別，它的目的並不是為了找出誰對誰錯，誰應該背黑鍋，而是依據實際的環境，針對行動的過程，分享學習，探討如何才能修正，做得更好。在歷程中，領導者是扮演一個促進者(facilitator)的角色，致力協助組員檢視現況和各種推論，進行確認、理清，鼓勵各組員說出自己的想法，而絕非只是提供答案。每一次的遭遇都是一種洞悉盲點的過程，也是寶貴的學習歷程。同時，在過程中，目標並不是一成不變的，小組討論中的焦點、目的和意圖都需要不斷地往前修正與重新對照。因此，促進者要能意識到從行動中反思和學習，而非單向的線性思考。

AAR的優點是：

1. 確認目標
2. 理清現實與原定的目標距離有多遠
3. 結構化、精簡、快速、即時
4. 有目地的對談，打破層級的藩籬
5. 平等參與

6. 沒有預設答案
7. 重視從中學到甚麼
8. 強調下一步應該做些甚麼
9. 簡單快速、馬上行動
10. 不斷發現、不斷修正、不斷學習

AAR是一種積極的行動回應，可以更清楚的看到真實的情況，它更是一種很有效的反思工具，組員都在放下防衛的情況下，平等地參與其中，共同發現和反省，總結教訓，深化學習。

在美國陸軍的成功經驗之後，各大企業也相繼學習和運用AAR，作為各級員工應付經常變化的環境的利器，也促進各部門團隊間的溝通，並從中不斷學習成長。 市面上已經有不少顧問和培訓機構推出課程、軟件，以及相關的產品和服務，可見AAR已廣泛被商業社會所認受。

西點軍校的 IP 領袖訓練

除了AAR之外，美軍也為領導層的軍官設計了一系列的領袖訓練課程，其中以西點軍校（West Point Academy）的「智慧思考訓練程序」（Intellectual Procedure，簡稱IP ）較被外人所認識[20]。西點軍校一直都是美國軍士將領最高培訓學府，也是世界級軍事人才的搖籃，西點軍校重視的是軍官的應變和快速分析能力。「IP訓練程序」用以提升軍官的領導認知和解決

---

20 可瀏覽美國西點軍校的網頁：www.usma.edu。

問題能力，最終目的是要看清楚問題的所在，方可以對症下藥，做正確的決定。

所謂「IP訓練程序」，是指辨清(identify)、解釋(accounting)及行動規劃(formulate)的過程，其程序的原則與AAR相似，是要精簡和快速，並且實際可行。IP的程序也非常簡單：

步驟一「**發生了甚麼？**」(Identify what is happening)

如何在模糊不清的情境下，判定核心問題所在。

步驟二「**到底發生了甚麼事？**」(Accounting for what is happening)，必須要兼顧各方面的因素：

- 邏輯鏈重組 (logical chain of events)

  答案絕對不只一個，不要只固定着眼於單一的解決模式，努力尋找其他的可能性。

- 綜合整理 (synthesis)

  分析在某一情境中所衍生的其他問題，是否有更深層的原因，如文化因素，深層原因是領導者應該優先考慮和處理的問題。

步驟三「**如何規劃行動？**」(Formulate leader actions)

問題是必定會有更多的解決方法，而絕非只是單一的答案。

理想與現實往往有很大的距離，很多時候是計劃得很完美，但落實的時候卻是錯誤百出，這也可以解釋到為何歷史上會出現那麼多的思想巨人，但卻是行動侏儒。AAR和IP兩種方法的重點在於，從行動中發現更多，從而不斷修正，不斷學習。

方法9

主動思考

——啟動腦袋的接收器

有一隊伐木工人每天都要到山上幹活，因為山上和山下的溫差很大，工人們都要隨身帶備手提收音機，以便收聽到天氣報道，日子久了，伐木工人與山上的原住民建立了一定的友誼，對工人來說，原住民是非常有智慧的，他們有一種十分神奇的本領，就是可以很準確地預測天氣，甚至比收音機的報道還要準確，工人們都嘖嘖稱奇。久而久之，伐木工人都無須帶備手提收音機了。

他們想，原住民居於深山，望天打卦，細心觀察，能夠培養出這種本領，實在遠遠勝過甚麼所謂的現代科技了！但忽然有一天，原住民告訴他們，明天開始不能為他們預報天氣了！「甚麼，幹嗎這種本領會突然消失！」

原住民告訴他們，原來村中有一間很神秘的小屋，屋內有一個很神奇的裝置，就是這個裝置告知他們未來幾天的天氣變化，但不知甚麼原因，這裝置不靈了，甚麼訊息都接收不到。伐木工人終於發現這個神秘的裝置原來就是一台手提收音機。

*　　*　　*

要準確預測天氣，根本沒有甚麼特別的秘訣。每個人的心靈都有一台可以接收外間資訊的收音機，它是由心、腦和身體五官所組成，但是，如果這台收音機選台錯誤，或者運作上出了毛病，甚至根本沒有啟動，那麼即使設計得再神奇準確也沒有甚麼效果。

心靈收音機與機械收音機最大的分別是，機械收音機如果沒有開啟，它就不會有任何反應的；但心靈收音機即使沒有啟動，也會自動操作，只是很隨意的、潛意識的胡亂校台，把錯漏百出的資訊全部照單全收，或者把有用的過濾篩選掉。

你啟動了自己心靈的收音機沒有？

收音機接收得不好的原因可以有三個，一是未有去開啟，二是未懂得去調校選台，但更重要的是由於自己的盲點，導致不自覺的選擇性地接收東西，那就只令自己接收到自己想接收的東西！

*　　*　　*

如何啟動這部心靈收音機？我們有以下幾個建議：

1. 保持新鮮感覺——當一個新的東西出現時，大腦中的多巴胺通路就會活化，帶動整個腦內系統作出特別的調校，啟動各個部門一連串的大腦活動，來應付這個新的挑戰，產生了特別的注意力，提高了警覺性，就不會有遺漏。但久了大腦就會失去新奇感，變成了以機械式的條件反射來反應，而非回應。

2. 繼續清醒下去——醒了，但如果不繼續「醒」下去，很快又會打回原形，因為清醒，是需要刻意去保持的，刻意的意思是要不斷提防上述所列舉的16個(甚至更多)不用腦袋思考的情境。

3. 停止被動思考——思考可以分主動和被動兩種，腦袋是會不斷作出自動化、無意識的反應，這是「被動的思考」；「主動思考」是我們有意識地去想，有意識地去思想是需要花費很大的能量，是會很累的，所以我們要盡量避免主動思考以節省能源。

要停止被動思考，就需要先停止「停止思考」的說話(thoughts-terminating)，例如「算了」、「反正人人都……」、「不是凡事都順從人意的」、「遲些就會明白」、「人生就是如此」、「世界就是這樣的」……。

4. 開始主動思維——停止了被動思考，更進一步的，就是開始主動思考，多說「開始思考」的說話，讓自己和別人都能清醒地活着；「開始思考」的說話，包括「可能」、「為甚麼？」、「甚麼意思？」、「甚麼原理？」、「還有甚麼？」……。

方法10

人生教練

——發現自己看不見的智慧

「當局者迷，旁觀者清。」當一個人迷途時，旁觀者往往是他/她的最重要指路明燈。在運動場上，教練往往是運動員的最佳旁觀者。在人生路上，其實也需要一位教練作為旁觀者。教練技術（coaching）是在美國流行了二十多年的新興事業，是把運動場上的教練心法和技術應用於管理和個人成長的範疇。

*　　*　　*

企業教練是始於80年代的美國，當時美國的經濟正是由工業轉向知識型體系的關鍵時刻，人們發覺舊有的生產模範和管理方法已經無法應付知識型社會的需要，教練式的管理手法應運而生。在管理學上，所謂「盲點」是看不到的企業問題。現時世界步伐急速，企業為了比競爭對手更快達到目標，往往不自覺地把思維集中在「答案」，忽略了導致問題的原因及現時的處境，因而導致重複的失敗。很多人以為已經對現況和目標了解，事實卻不然。但透過一連串模擬情境的發問，卻能令企業確認盲點，改善經營。在筆者早年的著作

《人生教練》中，曾提出證據，並表示教練世紀已經來臨：

• 前美國總統克林頓在位期間聘請私人教練以輔助自己的事業。

• 專業教練行業源自歐美，不足 15 年歷史。但據估計，現時全球的專業教練約 8 萬人，而企業內部教練更不計其數。

• 在美國，有 25% 的企業管理人認同自己是員工的教練，多於是團隊的領導人。

• 企業的中、上級管理人聘請私人教練以提升業績已是一種趨勢，因為專業教練技術可以提高下屬的表現和能力。

*　　*　　*

今天，教練技術已不單在企業上應用，更廣泛地遍及生活上的其他細節，包括個人成長、求職擇業、人際交往、婚姻關係等範疇。

教練有別於培訓、輔導、説服、鼓勵、治療和諮詢等等的專業，教練並不是上面所説的內容。它是一種完全不同的事物。教練的核心是關於發現 (discovery) 的，教練的目的是藉着深度的聆聽和有技巧的提問，幫助別人思考自我、發掘盲點、了解問題的癥結。教練通過推動人們發現來給予他們幫助。他們能夠發現的東西越多，他們的認知力也就越高。

教練最常問的，就是「還有呢？」、「可以説多一點嗎？」等開放式的提問，希望在沒有預設答案的情況下，讓對方自行發掘更深層的問題，從而找出自己看不到的盲點。教練的秘訣在於不論對方的答案如何不合邏輯，也不可以加以主觀的審判，因為這會直接影響接下來的提問。

學習「教授技術」的重點在於能察覺自己身在難題中，然後透過發現和理清自己的盲點，不再沉迷在局中，可以超然地以問題來讓自己醒覺，使自己可以看得更多、更深、更闊、更大和更遠，再重新檢視問題，找出更有效可行的方法。

*　　*　　*

教練的目的是助人發現他們自己看不到的東西，發現可以分為三個個層次：

1. 發現自己的想要

可以更全面的審視自己想要的東西到底是甚麼，這是自己的感知部分。

2. 發現自己的現況

重新檢視自己的狀況、目標、問題、機會、優勢、威脅、局限等等，這些是真實存在的東西，是現實的部分。

3. 發現自己不知道的事情

這些就是盲點，這也是上面兩個層次所不知道、或者忽略了的東西。當對其有所瞭解的時候，就會知道要改善些甚麼！在這個層次中，可以發現一些原來自己是不知道的事情，一些完全超出自己認知的東西，當對這些有所瞭解的時候，就會有新的觀點，新的視野，就可以有所發展和突破！

*　　*　　*

不過，教練並不是適合所有人，很多時候，教練並不比其他助人的技巧更為優越，只是與別的方法不同而已。並非所有人都可以從教練中獲益，教練僅僅適合那些主動的、願意自我發現的人。當人有足夠的時間進行一項進程相當緩慢的發現活動時，才適合使用這種方法。

* 關於教練技術的詳盡知識，可參考筆者2002年的著作《人生教練》(Life Coaching)，以及即將出版的《企業教練》。

結語：一沙一世界，一花一天堂

從一顆沙粒看見世界，
從一朵野花窺視天堂，
方寸之手緊握着無限，
瞬息之間擁抱着永恆。

——威廉·布洛克

To see the world in a grain of sand,
And heaven in a wild flower,
Hold infinity in the palm of your hand,
And eternity in an hour.

——William Blake

以上是英國浪漫主義詩人威廉·布洛克(William Blake)著名的四行詩〈無知的預示〉(Auguries of Innocence)的其中一節，在筆者唸書的年代(80年代初期)，這幾句詩曾經在香港風行一時，激盪過不少青年和知識分子的心，很多人被它引領從簡單純真角度去窺探多變無常的世界。

那個時候，正是香港的工業起飛，戰後嬰兒潮的一代已經成長，土生土長的年青人漸漸擺脫了難民心態，從無根的一代，植根出對本土的歸屬感。那個時候，社會仍是百孔千瘡，紛亂不堪，生活困苦，但社會向上流動的機會仍然不少。在這「獅子山下」的年代，主流的意識是：未來雖然是艱辛困惑，但前路總是樂觀有希望的，都是機遇處處的，「只要肯搏，就會有出頭天！」敢於拼搏、勇於冒險、靈活進取的香港精神，就是在那個年代孕育出來的。拼搏和冒險都是需要有明確的前景作為引路明燈，無可否認，那個年代的年青人是比較看得遠和想得大。

「從一顆沙粒看見世界」、「方寸之手緊握着無限」、「瞬息之間擁抱着永恆」，迎接變幻，從小做起，由我出發，從細微的環節窺探浩瀚的大世界，敢想敢做，敢於與天比高，闖出自己的天地……，正正就是當時天真浪漫的香港新一代的思維寫照。布洛克的詩句，鏗鏘有聲地烙印在人們的心中。

布洛克年青時曾經參與過法國大革命，受過激情的理想主義薰陶，但他看到社會未因革命的成功而得到改善，仍是處於互相仇殺、紛亂、喧囂和病態之中，他領悟到世界不單只是繁密的商貿活動和勞動力的剝削虛耗，而應該有更深層的心靈和精神的訴求。詩人晚年遠離人群，醉心在孤獨的繪畫和詩歌創作之中，他的作品盡現了人心的善中有惡、惡中有善的複雜層次。

布洛克相信，每一個人的內心都有一條心靈的鐐銬（mind manacle），把自己圍困在自我的牢籠之中，只有承認無知，從簡單的心靈角度去窺探世界，才能夠找到那條開啟心靈鐐銬的鑰匙。

如何在堆滿碎沙細石的容器中加添更多的水？唯一的方法是把當中的碎石細沙拿走，讓騰出來的空間可以載入更多水。如何在我們已填滿既有觀念的腦中載入更多知識，最佳的方法是空出自己的腦袋。「承認無知」才可以讓腦袋騰出更多空間。

著名的修行者奧修曾說過：「走向智慧的第一步，是去知道那自己並不知道的東西。」

無知其實是一種很美妙的東西，無知的人至少沒有矯飾，至少沒有欺騙別人和他自己。去知道「我不知道」立刻就能帶來一個很大的紓解、釋放。去知道、去經驗那完全未知世界。去知道自己不知道的，用謙卑的身分、敬畏的態度、好奇的眼睛、歡呼的心情闖進新的世界，然後面對它、觀望它、模仿它、學習它，深深地感激俯首敬拜這不知道的知識，這就是真正學習的開始，也是智慧的開始。

承認無知、保持謙卑是生命啟航的動力，因為無知，學懂承認無知，從一顆無知、謙卑和好奇的心出發，向未知的世界啟航，敢於把無限握在掌心，擴大自己的眼界和視野，闖出無限遼闊的天地。

認識得越多，才知道原來自己懂得的是何其少！

附錄 I

世上真的有規律嗎？

自然界具有某種內在的善，內在的神秘性，並可推測還有內在的力，當然更重要的是具有永恆的美。

——楊振寧(1957年諾貝爾物理學獎得主)

宇宙是一個巨大的、滴答作響的、已經裝置好而且有運行規律的鐘錶，上帝就是那個鐘錶匠。

——牛頓

世上真的有規律嗎？

當然有，如果你不相信，請想一想：

• 地球每天自轉一周，月球每一個月圍繞地球運行一轉，地球每一年圍繞太陽運轉一次，時間計算得無比精確，分毫不差。

• 一年有三百六十五天，春、夏、秋、冬四個季節輪值交替，世上萬物都跟隨這個節奏而自行調校，一切都安排得井然有序。

• 太陽下山，隨之而來的是黑漆的夜空，當天空再次呈現魚肚般微黃霞光的時候，也就是另一個白日的開始，二十四小時之後，會再循環一次，這個運轉次序，億萬年來從來都是如此精確有序。

你認為這全都是巧合嗎？

在古希臘文中「宇宙」(Cosmo) 一字是解作「秩序」和「規律」的意思，宇宙萬物都是依循着已安排好的秩序規律運行。

二千多年前，中國的老子已經就這問題提出了答案，他曾經說過：「有物混成，先天地生，寂兮寥兮，獨立而不改，周行而不殆，可以為天下母，吾不知其名，強之曰：『道』。」(《老子・道德經》)

這段說話的意思是：有一種東西是混沌一片，不知道是怎樣形成的，只知道它比天地更早出現，它無體無形，卻可以獨立地存在，矗立在宇宙萬物之中，從來都沒有改變過，它可以說是萬物的根源，世界的母體，我不知道應該如何稱呼這東西，只好稱它為「道」。

「道」就是宇宙運作的「規律」，這規律是「視之不見、聽之不聞、搏之不得」的，但卻又實實在在的存在着，它潛藏着無比巨大的力量，它是一雙看不見的無形之手主宰着世事萬物，是一套隱藏的邏輯，我們看不見它，又不可能改變它，卻必須要隨着它的運作而打轉。

看到規律有用嗎？

當然有用，因為看到規律，看到更大的圖像，可以既見到樹木，也看到森林。如果可以洞悉它的運作原理，我們對它理解多一些，窺探到它的運行軌迹，可以對自己的生命有較大的掌控。

如何才可以發現規律？

最簡單的方法就是睜大眼睛看，張起耳朵聽、放開四肢去接觸，打開心靈去感受，這樣就會察覺到規律的存在，然後順應規律而行。正如瞎子摸象的故事一樣，每一個人都只是摸大象的一個小部分，就以此推論這就是牠的全部，而看不到有更多、更大的可能性。然而，為甚麼世間上能夠領悟到規律的人只是鳳毛麟角，少之又少？因為我們絕大部分時間都存在着各式各樣的「盲點」，眼睛心靈被蒙蔽，所以視而不見，聽而不聞。

這是「盲點」令視線狹窄，視線狹窄導致出錯，出錯造成失敗，那麼失敗就好像是已經注定了的，不能避免。

「規律」、「盲點」和「失敗」三者有何因果邏輯關係？

• 盲點令人看不見世事的規律，身在規律中卻不知，所以注定失敗。

• 盲點使人反規律而行事，與世界趨勢作對，所以注定失敗。

• 盲點使人看不清前路，錯失良機，所以注定失敗。

• 盲點使人走在規律大前方，不為世間所容，所以注定失敗。

• 盲點使人走在規律中央，不進則退，趕不及前方，又遭後方踐踏，所以注定失敗。

• 盲點使人走在規律旁邊，機會擦身而過，所以注定失敗。

• 盲點使人以為可以強行改變規律，最後卻遭規律改變，所以注定失敗。

• 盲點使人不依規律而行，最後也慘遭規律沒頂，所以也注定失敗。

如果盲點是無法避免的話，失敗也許是注定的！這是真實世界的運作規律。

附錄 II

米高·佐敦的「失敗」格言

米高·佐敦(Michael Jordan)當然不可能為我們的概念發表甚麼支持的言論，但他多年來的不少名句，十分貼近我們向失敗學習的想法，現抄錄分享如下。

* * *

1. 「我能夠接受失敗，是因為任何人皆會失敗，但我不能接受不去嘗試。」
   (I can accept failure, everyone fails at something. But I can't accept not trying.)

2. 「我相信如果你能夠投入工作，自然會得到成果；我不會不認真地去做事，因為我知道如果不認真做，我只會得到不認真的成果。」
   (I've always believed that if you put in the work, the results will come. I don't do things half-heartedly. Because I know if I do, then I can expect half-hearted results.)

3. 「我不斷地失敗，所以我成功。」
   (I've failed over and over and over again in my life and that is why I succeed.)

4. 「有些人要它發生，有些人想它發生，又有些人令它發生。」
(Some people want it to happen, some wish it would happen, others make it happen.)

5. 「如果你撞了板，不要轉身一走了之或者放棄，想方法爬過它，穿越它，或者繞過它。」
(If you run into a wall, don't turn around and give up. Figure out how to climb it, go through it, or work around it.)

6. 「如果你想有所成就，那就必定將要面對障礙，我曾經面對過，每一個人也會有，但障礙並不會有能力阻止你。」
(If you're trying to achieve, there will be roadblocks. I've had them; everybody has had them. But obstacles don' t have to stop you.)

7. 「失敗從來都令我在下次更努力。」
(Failure always made me try harder next time.)

8. 「如果你付出了努力，好事自然會降臨在你身上，比賽是這樣，人生也是這樣。」
(If you put forth the effort, good things will be bestowed upon you. That's truly about the game, and in someway that's about life too.)

9. 「要常常把負面的情境變成為正面。」
(Always turn a negative situation into a positive situation.)

參考書目

英文參考書目

- Arie de Geus, "Living Company – Habits for Survival in a Turbulent Business." Harvard Business School Press, Boston.
- Bingham, Harry, (2007), "This Little Britain – How One Small Country Built the Modern World", Fourth Estate. London.
- Buss, David (2004), "Evolutionary Psychology – The New Science of the Mind"2nd Edition, Allyn & Bacon, Pearson Education, Inc.
- Checkland & Scholes (2001), "Soft System Methodology in Action", John Wiley & Sons Ltd., England.
- Connor & McDermott (1997), " The Art of System Thinking : Essential Skills for Creativity and Problem Solving" Thorsons.
- Covey, Stephen (1989) "The 7 Habits of Highly Effective People", Simon & Schuster. New York.
- Csiksentmihalyi, Mihaly (1992), "Flow-The Psychology of Happiness", Rider, London.
- Dalai Lama (1999) "The Dalai Lama - Book of Wisdom", Thorsons. New York.
- Dilts, Robert (2003) "From Coach to Awakener", Meta Publications.
- Ellis, A (1973) "Humanistic Psychotherapy: The Rational Remotive Approach" McGraw-Hill, New York.
- Frankl, Viktor (1984) "Man's Search for Meaning", Washington Square Press.
- Gerry & Zimbarado (2002), " Psychology and Life" 16th Edition, Allyn & Bacon, Pearson Education.
- Hans & Eysenck (1995), "Mind Watching – Why We Behave the Way We Do", Prion, UK.
- Harary and Weintraub (1992), "Right-Brain Learning in 30 Days", Aquarian/Thorsons. UK.
- Koch, Richard (1998), "The 80/20 Principle", Nicholas Brealey Publishing, London.

- Jung, Carl (Editor), (1964) "Man and His Symbols", George G. Harrap.
- Jung, Carl (2003),"The Spirit in Man, Art and Literature", Routledge, London.
- Law, Stephen (2002),"The Philosophy Files"Dolphin Paperbacks, The Guernsey Press Co. Ltd.
- Lewis, Amins, and Lannon (2000) "A General Theory of Love", Vintage Books, New York.
- Marquardt, Michael (1999), "Action Learning in Action", Davies-Black Publishing.
- Morris, Desmond (2002), "People Watching-guide to Body Language", Vintage, London.
- Palmquist, Stephen (2003), "The Water of Love", Philopsychy Press.
- Tarnow, E.(2000), "Obedience to Authority: Current Perspectives on the Milgram Paradigm." Thomas Blass - editor. Lawrence Erlbaum Associates. Place of Publication: Mahwah, NJ.
- Senge, Peter (1999), "The Dance of Change" Nicholas Brealey Publishing Limited.
- Wilber, Ken (2007), "A Brief History of Everything", Shambhala, Boston.

中文參考書目

- 羅素著，杜若洲譯（1995），《人類的將來》，新潮文庫，志文出版社（台灣）。
- Senge, Peter著，郭進隆譯（1998），《第五項修煉》，天下出版社出版（台灣）。
- 殷海光（1999年版），《邏輯新引》，水牛出版社（台灣）。
- 李天命（1999），《語理分析的思考方法》，青年書屋（香港）。
- Satir, Virginia著，吳就君譯（1999），《與人接觸》，張老師文化（台灣）。
- Johnson, Allan 著，成金方等譯（2001），《見樹又見林——社會作為一種生活實踐與承諾》，群眾出版有限公司（台灣）。
- 李中瑩（2001），《NLP——幫助人生變得更快樂的學問》，P.E.M.I 出版社（香港）。

- 陶兆輝、劉遠章 (2001)，《啟動創意潛能——潛意識創意工程》，明窗出版社 (香港)。
- 陶兆輝、劉遠章 (2002)，《人生教練——Life Coaching》，明窗出版社 (香港)。
- Tara Bennett, Goleman著，陳正芬譯 (2002)，《煉心術》(Emotional Alchemy)，大塊文化 (台灣)。
- Ellis, A著，劉小青譯 (2002)，《理情行為治療》，張老師文化 (台灣)。
- 陳天機、許倬雲、關子尹 主編 (2002)，《系統視野與宇宙人生》，商務印書館 (香港)。
- 朱光潛 (2003年版)，《文藝心理學》，漢湘文化 (台灣)。
- 林語堂 (2004年版)，《品味人生》，陝西大學出版社 (陝西)。
- 陶兆輝、劉遠章 (2004)，《我選擇快樂——快樂心理學》，明窗出版社 (香港)。
- 傅佩榮 (2005)，《智慧與人生》，國際文化出版社 (北京)。
- 傅佩榮 (2005)，《哲學與人生》，東方出版社 (北京)。
- 林麗珊 (2003)，《人生哲學》，三民書局 (台灣)。
- 黃仁宇 (2004)，《中國大歷史》，初版第46刷，聯經出版社 (台灣)。
- 劉思量 (2004)，《藝術心理學》，藝術家出版社 (台灣)。
- 傅樂成 (2005)，《中國通史》，第23版，弘揚圖書有限公司 (台灣)。
- 吳彤 (2005)，《多維融貫——系統分析與哲學思維方法》，雲南人民出版社 (雲南)。
- 陶兆輝、劉遠章 (2006)，《贏一場人生》，明窗出版社 (香港)。
- Fine, Cordelia著，饒偉立譯 (2006)，《住在大腦裏的八個騙子》(A Mind of Its Own)，大塊文化 (台灣)。
- 顧基發、唐錫晉 (2006)，《物理—事理—人理系統方法論：理論與應用》，新科技教育出版社 (上海)。

□ 責任編輯：羅國洪

□ 封面設計：蕭雅慧

□ 內文插畫：John Lau

盲點心理學——看見看不見的智慧

作者：陶兆輝、劉遠章

出　　版： 匯智出版有限公司
香港九龍尖沙咀赫德道 2A 首邦行 8 樓 803 室
電話：2390 0605　　傳真：2142 3161
網址：http://www.ip.com.hk

策　　劃： 聖雅各福群會延續教育中心

發　　行： 香港聯合書刊物流有限公司
香港新界大埔汀麗路 36 號中華商務印刷大廈 3 字樓
電話：2150 2100　　傳真：2407 3062

印　　刷： 陽光印刷製本廠

版　　次： 2009 年 4 月初版
2012 年 4 月第七版

國際書號： 978-962-8960-85-9